介護・看護職のための
虐待防止
ケースアドボケイト実践
チェックリスト

有馬良建
静岡福祉大学 教授
社会福祉法人 楽寿会 副理事長

高齢者虐待防止法 準拠

医歯薬出版株式会社

はじめに

先日，歯科医にお世話になったとき，大変感心したことがあった．医療の分野では，医療行為をする前に説明と合意が必要であり，インフォームドコンセントとして重要視されている．歯科医師もそうした理念を尊重して治療にあたるわけである．

私は，これからの治療方針について，やさしく親切な説明を受けた後，抜歯をする前の麻酔の注射を打たれたのであるが，注射針を歯肉に突き刺すときも，麻酔液を歯肉の奥深く注入するときも，全く痛みがないのにはおどろいた．いわば痛みゼロである．まるで手品のようで，これには大変感動した．その歯科医と歯科衛生士は一連の“行為場面”において，痛みや心理的・精神的苦痛がないよう，次の①～⑧に示すような細心の注意を払っていた．

① 治療のため，椅子を倒すときに，その旨の声かけを十分な間をとって行った（同時に行うとびっくりし，とても乱暴な感じを受け，いやな気分になる）

② 歯科医は治療のため，指で口を大きく開けるとき，声かけとともに唇を強く押しつけないように注意を払った（治療上必要行為なので，少しぐらい痛くてもしかたがない，結果として，唇や歯肉を傷つけてもやむをえないといった感覚は不可抗力につけこんだ虐待的行為で，人権を傷つけられたように感じる）

③ 麻酔注射をする前に，恐怖心を和らげるための声かけをした

④ 麻酔注射を行うとき，針を歯肉に刺す瞬間から終了まで，その全過程において，痛みがゼロとなるように必要な技術を用いた

⑤ 麻酔注射の行為中も精神を安定させるための声かけを行った

⑥ 抜歯の治療行為中も進行状況の説明と不安を排除するための声かけを行った

⑦ 抜歯の治療行為も，必要以上に力が加わった感じを受けずスムーズであり，負担がなかった

⑧ 麻酔液の量も適当で抜歯後の唇周辺の腫れもなく，麻酔がきれても痛みは少しもなかった

①～⑧に示した事項については，私を治療した歯科医や担当の歯科衛生士に限らず，多くの歯科医が患者に対して必要な配慮として認識しているはずである．しかし，理想を描いても，ここまで徹底できず現状に甘んじているのが実状ではないだろうか．私が，この歯医者にめぐり合うまで，納得が得られず，何軒もの歯科医院を変えた所以である．それまでの歯科医と比較してみれば，患者に対する“気づかい”の差は歴然としている．“気づかい”の欠如は，すなわち医療専門職としての専門性の欠如ではなかろうか．また，苦痛を最小限にとどめるための新しい知識や技術の欠落も，患者を嘆かせるであろう．こうした怠慢や，「患てやっている」といっ

た思い上がりが，意識・無意識にかかわらず，患者の心と身体を傷つけるのである．無抵抗な立場である患者の弱みに少しでもつけ込んだり，心理的駆け引きを行使してはならない．「患てもらっているのだから，それくらい我慢をしなさい」はある種の虐待行為である．私は高齢者の福祉事業に携わる一人として，この歯科医での自らの体験を通して，弱い立場にある利用者や患者さんにサービスを提供している介護・看護の専門職はどうであろうか，介護保険におけるサービスの質が問われ，顧客満足度が求められている今日，改めて見つめ直す必要があるのではないかと思ったのである．

他方，老人福祉法及び介護保険法における「指定介護老人福祉施設」の人員・設備・運営に関する基準（基準省令)」の各条文に示される「適切」が，サービス提供に関る最低基準遵守のためのキーワードとなっている．つまり，条文を要約すれば，「処遇を妥当適切に漫然かつ画一的なものにならないよう，懇切丁寧を旨とし，適切な技術をもって介護にあたり，自らその質の評価を行い，改善を図ること」となり，これを怠慢逸脱し不適切なものとなれば，法律違反となる．また，利用者との契約違反となる．

一方，高齢者虐待防止法では，老人福祉法及び介護保険法で規定された在宅・施設サービスに従事する専門職等（養介護施設従事者等）における職務上の義務を著しく怠ることをネグレクトととらえた．すなわち専門性の欠如が虐待となる可能性が高いことを強調し，定義化している．まさに2年前に出版した本書と内容が一致している．

そこで本書では，介護・看護職をはじめとする福祉・医療専門職が日々実践しているサービス提供と人権侵害について，虐待となる恐れのある行為を排除することをケースアドボケイト（利用者の権利を尊重し，よりよいサービスにする）実践としてとらえ，特に介護・看護職が日常業務として実践している食事・入浴・排泄の介助における介護展開手順に照らし，それぞれの介護・看護場面における虐待防止のためのケースアドボケイト実践を，6つの虐待防止のための「評価基準」にもとづき，解説したい．1999年に人権擁護とメンタルケア，虐待防止の観点から『介護・看護職のための言葉づかいチェックリスト』（医歯薬出版）を発行し好評を得た．本書はいわば姉妹書といえる．チェックリストは，日常業務に追われる専門職が手軽に自己点検できるよう配慮している．医療・福祉サービスの利用者にとって，より快適なサービス利用につながるよう，本書が，少しでも介護・看護職の参考となれば幸いである．

静岡福祉大学　社会福祉学部　教授
社会福祉法人楽寿会　副理事長
有馬良建

●介護・看護職のための虐待防止チェックリスト
ケースアドボケイト実践

目　次

入浴介助時

第Ⅰ部
虐待防止のための評価基準

■ 身体的虐待防止のための評価基準

■ 心理・情緒的虐待防止のための評価基準

■ ネグレクト（放任）防止のための評価基準

「虐待防止の評価基準」の考えかた

虐待の定義は，児童・高齢者といった対象者によっても異なるが，どの対象者にも共通した虐待の概念を要約すれば，「力の強い立場の者が，力のない者あるいは弱い立場の者に対して身体的・精神的攻撃を加え，苦痛を与える」ということになろう．虐待の種別としては，身体的虐待，心理・情緒的虐待，ネグレクト（介護の怠慢や放任），そのほかに性的虐待，経済的虐待（搾取・横領）などがある（表1参照）．

虐待発生のメカニズムは，その要因として，心理的・社会的・経済的要素が複雑に関係しあう場合が多く，高齢者虐待（elder abuse）では①『介護者のストレス』②『介護者の知識や技術の欠如』があげられる．

高齢者虐待防止法においては，在宅の介護者（養護者）による虐待と，老人福祉法及び介護保険法で規定された在宅・施設サービスで従事する専門職等（養介護施設従事者等）による虐待の定義を分離した．特に両者の定義を分離させたのが「ネグレクト」で，専門職等における「職務上の義務」を著しく怠ることが虐待となる旨を追加している．すなわち，専門職等による専門性の欠如によって結果的に心身に苦痛を与えた場合，それが意図あるなしにかかわらず虐待であることを強調したものとなった．

介護・看護専門職と虐待防止

介護・看護のサービス提供現場において，このようなことがあってはならないが，「老人福祉法」や「介護保険法」に規定された特別養護老人ホーム等でサービスに従事する介護・看護専門職は，両法律に規定された最低基準（基準省令）が指し示す「適切」な介護を遵守すべく，自らの専門性を高め，「知らず知らず」や「無意識」による虐待も含め，客観的な虐待防止のための自己点検・自己評価につとめなければならない．

そこで，介護・看護サービス提供現場である特別養護老人ホームを例に，とくに注意を要する「身体的虐待」「心理・情緒的虐待」「ネグレクト」の3つをとりあげて，それぞれの「虐待防止のための評価基準」について解説する．

チェックリストの活用にあたっては，専門性の欠如をマイナス（虐待となる恐れの高い行為）と捉え，「適切」なサービス提供の範囲である評価基準まで埋め戻しをし，そこからプラスとしてより良いサービスに積み上げるためのバージョンアップシステムプログラムとして捉える．

【表１】高齢者虐待の種類と内容（介護・医療施設を中心とした例）

身体的虐待

・たたく
・ける
・なぐる
・つねる
・ひっかく
・強く押す
・強い震動を与える

・強くかく
・強くこする
・強くふく
・強くつかむ
・強く開く
・強く曲げる
・強くひっぱる
・強く伸ばす
・熱い湯をかける
・冷たい水をかける

・乱暴にする
・強く置く
・身体拘束
・無理な飲食
・不必要な薬の投与
など

経済的・物質的虐待

利用者が所持する資産を不法に盗んだり悪用したりする

・現金を盗む
・銀行からお金を引き出す
・指輪・ネックレスなどの貴金属類を盗む　など

心理・情緒的虐待

言葉
・脅迫
・強要（せかせるなどを含む）
・高圧的
・命令
・さげすむ
・ののしる
・子ども扱い　など

表情
・無視
・無表情

Ⓐ
・にらむ
・いやそうな顔をする
・えらそうな顔をする
・怒った顔をする
・見下した表情をする
・思い上がった顔をする
・あざ笑った顔をする

態度
・乱暴に扱う
・乱暴にふるまう
・雑に扱う
・物にあたる
・無言　など

自己決定をさせない

その他
・聴きたくない音楽を聴かせる
・リハビリ，レクリエーション，趣味活動に無理に参加させる
・びっくりさせる　など

性的虐待

合意のない性的接触
合意能力のない高齢者も対象となる

ネグレクト（放任）

介護・看護の展開手順（マニュアルなど）**に沿った専門的技術**による完全な実施を怠る（不十分なものを含む）

自立に向けた専門的技術（対人援助技術としての言葉かけを含む）**の実践**を怠る（不十分なものを含む）

個別的なもの（不十分なものを含む）
・食事・水などの不与
・治療しない（リハビリなどを含む）
・投薬・医療処置の不実施
・ナースコールに応えない
・適切な体位交換・変換をしない
・入浴させない
・清拭をしない
・保温などを怠る
・おむつを交換しない
・シーツなど寝具を交換しない
・衣服を交換しない
・掃除をしない
・整容をしない
・爪を切らない
・入れ歯の洗浄をしない
・口腔清拭をしない
・ひげをそらない
・ポータブルトイレを不潔にする
・必要なものを与えない
（ナースコール，車いす，杖，メガネ，補聴器，入れ歯など）
・ケアプランの確認と実行を怠る
・部屋の温度・湿度の調節，換気を怠る
など

※　Ⓐについては表７（P.14）参照

身体的虐待防止のための評価基準のとらえかた

「身体的虐待」には，表１に示すように，「たたく」「なぐる」「つねる」「ひっかく」「強く押す」「強く伸ばす」「熱い湯をかける」「身体拘束」「不必要な薬の投与」などの行為種別がある．「たたく」「ける」「なぐる」などの行為については，通常の介護・看護専門職における職業倫理から大きく逸脱し，高齢者福祉関係各法が指し示す遵守すべき「最低基準」の意味するところからかけ離れた行為であり，本書では介護・看護サービス提供現場で通常よく行われる行為について，身体的虐待となる恐れのある行為を中心に検討することとする．

パワーコントロールと虐待防止

入浴や排泄の介助では，それぞれの介護展開手順に沿って，利用者の衣服の着脱・ストレッチャーへ抱きかかえての移動・体位の変換・身体の洗浄などを行う．その目的を達成するために必要な，手足を「伸ばす」「曲げる」「開く」，背中を「押す」，身体を「こする」などの行為には，必要最小限の力（パワー）が必要であるが，この「力加減」「力の調節」が意識化してコントロールされていなければ，利用者へ不必要な痛みを与えてしまうことになる．利用者の負担を最小限にとどめるには，「～さん，少しずつやりますからね．痛かったら言ってください」と言葉かけをしながら，痛みの発生点を慎重に探ることである（表２「目的達成のための最小力点①」を参照）．目的達成のためにやむを得なく発生する痛みは，わが痛みと受けとめ，苦痛を少しでも排除する努力が大切である（表２「目的達成のための最小力点②」を参照）．こうした義務を怠り，不必要な加害を与えれば虐待のほかない．

ここでは「適切」な痛みのコントロールが，身体的虐待のケースアドボケイト（利用者の権利を尊重し，よりよいサービスにする）実践であるといえよう．

【表２】　身体的行為における力加減（パワーコントロール）と虐待の関係

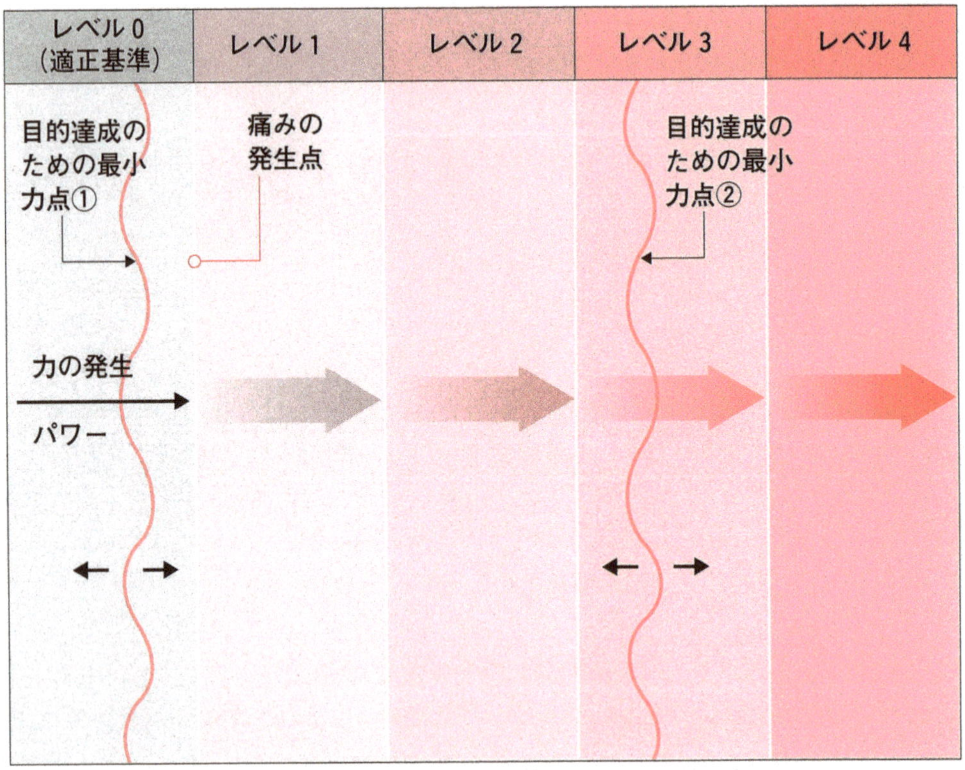

身体的虐待防止のための評価基準表について

身体的虐待防止のための評価基準では，介護・看護サービスの利用者が受ける「痛み」の度合いを虐待のバロメータとし，表３に示すように，レベル０（適正基準）から虐待性の高いレベル４までを位置づけるとともに，☆の数によって虐待防止・排除のためのケースアドボケイト実践の重要性を示した．

そもそも利用者が介護・看護行為によって受けた「痛み」を虐待ととらえるか否かによって（虐待の定義）は成立するものであるが，「いつも世話になっているから，しかたがない」といった利用者の「我慢」がこの評価基準の対象とならないことはいうまでもない．

介護・看護展開手順の１コマ行為場面における身体的虐待によって受ける「痛み」の大きさ，すなわち痛みの絶対量はグラフ１～４に示すように身体に加えた力（パワー）とその時間によって決定され，展開手順全体の総計は，頻度によって決定される．したがって，介護・看護展開手順全体の虐待レベルはこれらを勘案し決定されることになる．また，熱い・冷たい・圧迫されて苦しいなどの苦痛については，表２の「痛み」と置き換えて解釈することとする．

【表３】　痛みによる虐待防止のための評価基準表

レベル(虐待度)および基準 形態	レベル　0 （適正基準）	レベル　1 （ケースアドボケイト☆）	レベル　2 （ケースアドボケイト☆☆）	レベル　3 （ケースアドボケイト☆☆☆）	レベル　4 （ケースアドボケイト☆☆☆☆）
たたく ける なぐる	―――	―――	―――	―――	―――
伸ばす 曲げる 開く 押す 置く 抱える ひっぱる ひねる つねる こする 拭く かく　など	・痛みゼロ ・痛みの発生点を越えない状況	・痛みの発生 ・痛みの発生点を越えた弱い痛みで瞬間的なもの	・弱い痛みで連続的なもの ・少し強い痛みで瞬間的なもの	・少し強い痛みで連続的なもの ・強い痛みで瞬間的なもの	・強い痛みで連続的なもの

※　虐待のレベルは，介護・看護展開手順などの一コマ場面をとらえており，頻度の合計ではない

※　☆は虐待排除のためのケースアドボケイトを示し，マークの数はその重要性を示す

※　【表２】の目的の達成のための最小力点②に示すように，目的達成のためにやむをえず発生する痛みを，少しでも和らげる努力を最大限実践している場合は「レベル０」と解釈する

※　熱い・冷たい・圧迫されて苦しいなどの苦痛については「痛み」と置き換えて解釈する

身体的虐待（痛み）におけるパワーと時間・頻度の関係

●グラフ１：レベル１タイプ

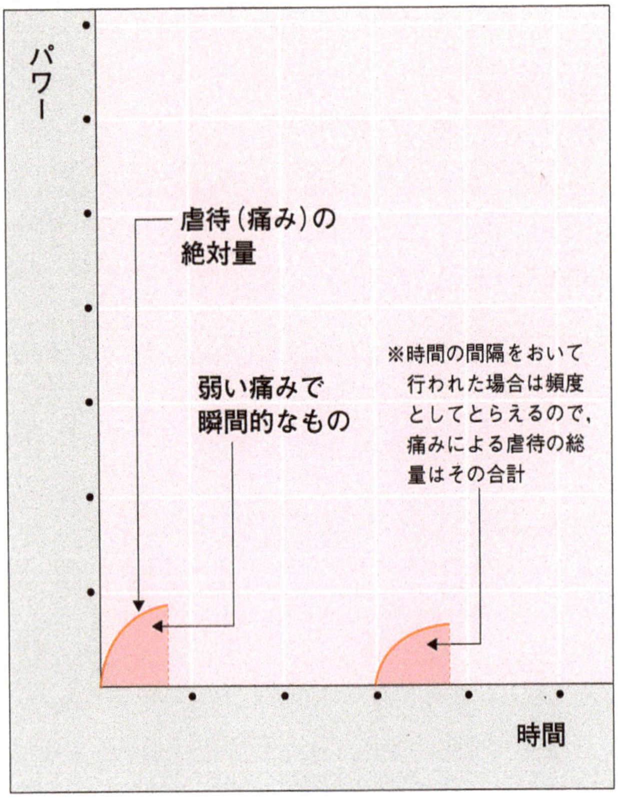

●グラフ３：レベル３タイプ

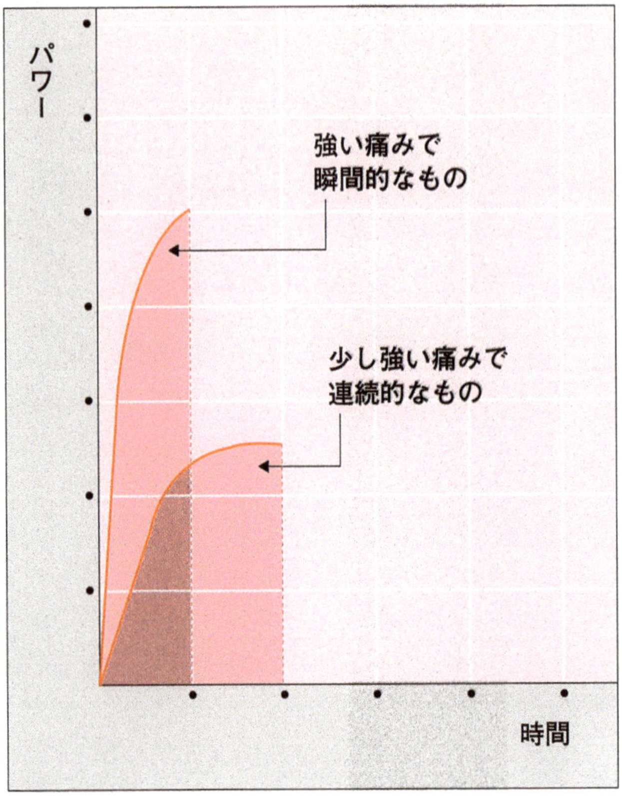

●グラフ２：レベル２タイプ

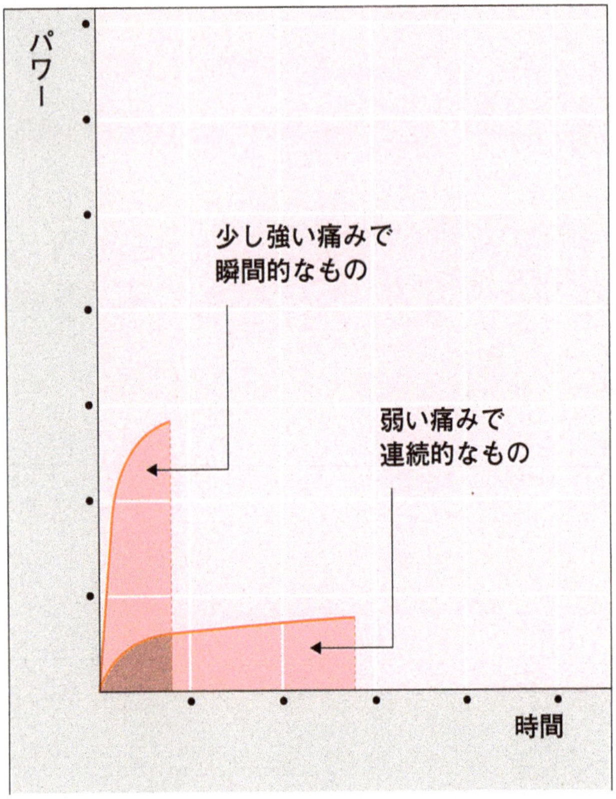

●グラフ４：レベル４タイプ

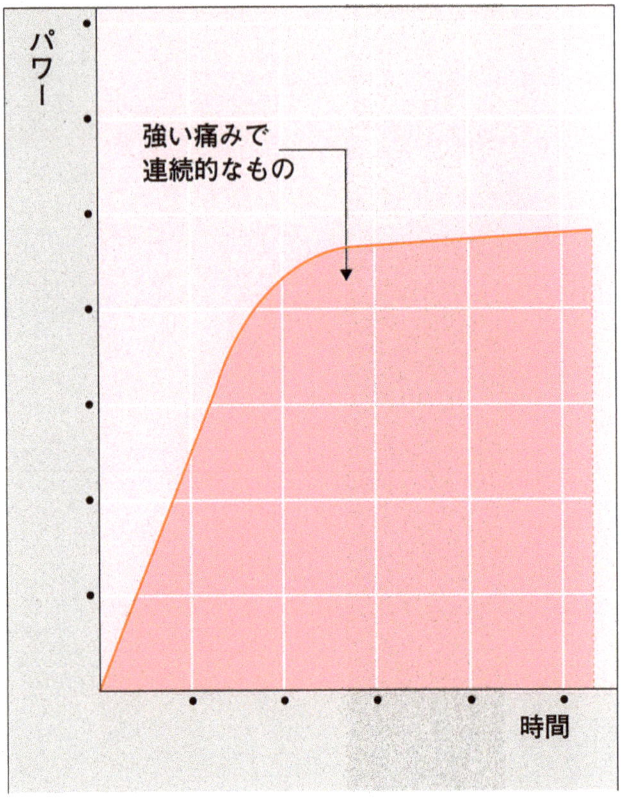

心理・情緒的虐待防止のための評価基準のとらえかた

心理的・情緒的虐待には，言葉による虐待（脅迫・強要・高圧・命令・さげすむ・子ども扱い・ののしりなど）と非言語的な虐待（表情・態度など）がある．

顔の表情による虐待行為としては，無視，無表情，にらむ・怒るなどのこわい顔，見下した表情，思い上がった顔，いやそうな顔，さげすんだ表情などがあり，態度による虐待行為としては，乱暴にふとんをはぐ，物を乱暴に置く・わたす，投げるなどして物にあたるなどの行為がある．その他として，聴きたくない音楽を長時間聴かせる，リハビリテーションやレクリエーション，趣味を無理にすすめるなどがある．

ここでは，①言葉づかいによる虐待防止のための評価基準，②顔の表情による虐待防止のための評価基準，③態度による虐待防止のための評価基準をそれぞれ表し，解説することにする．

①言葉づかいによる虐待防止のための評価基準表について

表４－①は，1999年に発行された『介護・看護職のための言葉づかいチェックリスト』（有馬良建著，医歯薬出版）における「言葉づかいの適正に関する評価基準表」を一部改良し，準用したものである．『介護・看護職のための言葉づかいチェックリスト』における評価基準表は，１）日常生活全般，２）食事介助時，３）入浴介助時，４）排泄介助時，５）医療・看護時，の５つの介護・看護場面を対象に，日常的に頻繁につかう言葉づかいをそれぞれ列記したうえで，「A．基準となる言葉（青）」「B．注意を要する言葉（黄）」「C．禁句（赤）」に類別し，「B．注意を要する言葉（黄）」「C．禁句（赤）」を使用禁止にしている．

「A．基準となる言葉（青）」は，一般的に使われている共通語（標準語）として位置づけ，「適正基準」（レベル０）としている．敬語については，**表５・６**をふまえ，適宜言葉のなかに散りばめることは，有効であるとした．本書では，１）日常生活全般を評価基準表として使用することとした（２）～５）の使用も可）．

表４－②は，表４－①と同じく『介護・看護職のための言葉づかいチェックリスト』から引用したもので，表４－①が言葉づかいを中心にとらえているのに対し，具体的な禁句を示している．これが言葉づかいのなかで使用されれば，レベル２（言葉づかいにおける評価基準では最低レベル）の扱いとした．

【表4－①】　言葉づかいによる虐待防止のための評価基準表①（日常生活全般）

レベル　0（適正基準）	レベル　1（ケースアドボケイト☆）	レベル　2（ケースアドボケイト☆☆）
A　基準となる言葉	B　注意を要する言葉	C　禁　句
青　基準使用	黄　使用禁止	赤　使用禁止
・ちょっと待ってください くださいね	・ちょっと待っててね	・ちょっと待ってなよ
・はい，わかりました	・うん，わかったからね	・うん，わかった わかったよ
・どうしましたか？ どうなさいましたか？	・どうしたの？	・どうした？
・なにかご用ですか？	・なにか用？	・なにか用かね？ なに？
・いま，やりますね	・いま，やるよ やるね	・いま，やってやるよ
・だめですよ	・だめだよ	・だめ
・聞こえますか？	・聞こえる？ 聞こえた？	・聞こえるかね？ ・聞こえたか？
・○○さん	・おじいちゃん ・おばあちゃん	・○○ちゃん ・あんた ・この人
・そうですか	・そう	・そうかね
・おやすみなさい	・おやすみ	・寝な

※ 虐待のレベルは，介護･看護展開手順などの１コマ場面をとらえており，頻度の合計ではない

※ ☆は虐待排除のためのケースアドボケイトを示し，マークの数はその重要性を示す

※『介護･看護職のための言葉づかいチェックリスト』から一部改良し引用

【表4－②】　言葉づかいによる虐待防止のための評価基準表②（具体的禁句）

食事介助時	入浴介助時	排泄介助時
・よく食べるね～ ・もっと早く食べな ・食べるのが遅いね，この人は ・もっと口をあけな ・こぼすんじゃないよ ・アーンしてごらん　など	・重いね ・やせてるね ・太っているね ・あかがすごいね ・くさいね ・汚いね ・よいしょ ・汚れているね ・我慢しな　など	・また，出たの ・わ～，くさい ・セーノ，ヨイショ ・どうして汚す ・汚い ・すごい量だね ・おもらしだ ・替えたばかりなのに ・ダメじゃないの　など

※『介護･看護職のための言葉づかいチェックリスト』から引用

「注意を要する言葉づかい」（黄）のとらえかた

表6のメリットに示すように，黄の言葉づかいの有効性にも捨てがたいものがあるが，反面，**表5**のデメリットに示すように，その弊害もある．個別処遇上，とくに必要とされる援助技術の一環として，そのリスクを負ってでも使用すべきだという考えかた（サービスを受ける側がどう感じるかという視点）もある．しかし，表6の「基準となる言葉づかい」（青）においても，そのつかいかたの技術（声の大きさ・話のスピード・イントネーション・笑顔などの表現力）によって，これらは十分安定感を与えることができるわけであり，あえて（黄）を容認・肯定させる理由にはならないと考える．

方言の位置づけについて

本評価基準は，原則として「共通語」（標準語）を基準としており，方言の位置づけ・取り扱いかたについては明記していない．方言には，その地域の風土や習俗が強く影響する．

評価基準と人権擁護および虐待防止の有効性について

言葉づかいは，思いやりがこもっているか，声の大きさ，話のスピード，イントネーション，笑顔などの表現力によって，総合的に評価されるものであり，語尾のちがいを中心にして基準使用（青）を決めることにはいささか抵抗感もある．しかし，デメリット・メリットの表からもわかるように，日常的に，「注意を要する言葉づかい（黄）」「禁句（赤）」を使用禁止とし，「基準となる言葉づかい（青）」を選択することによって，虐待防止に大きな効果がみとめられる．

【表5】 評価基準の3領域区分における弊害的特徴（デメリット）

A 基準となる言葉	B 注意を要する言葉	C 禁　句
青 基準使用	黄 使用禁止	赤 使用禁止
・使い方によっては他人行儀 ・冷たい感じ	・“親しみ”から“なれあい”に陥りやすい ・さげすんだ表現ともとられる ・思い上がった表現になりやすい ・子ども扱いとなる ・人権侵害につながる	・虐待につながる危険性がある （脅迫・強要・高圧・命令・さげすむ） ・子ども扱いとなる ・人権侵害につながる

※『介護·看護職のための言葉づかいチェックリスト』から引用

【表6】 評価基準の3領域区分における有効性（メリット）

A 基準となる言葉	B 注意を要する言葉	C 禁　句
青 基準使用	黄 使用禁止	赤 使用禁止
・人権侵害の防止 ・虐待の防止 ・人権の尊重 ・使いかたにより親しみがでる ・使いかたにより家庭的雰囲気がある	・使いかたにより親しみがでる ・使いかたにより家庭的雰囲気がある	

※『介護·看護職のための言葉づかいチェックリスト』から引用

②顔の表情による虐待防止のための評価基準表について

表７は，顔の表情における心理・情緒的虐待防止のための評価基準で，レベル（虐待レベル）０～４に示すように基準規定を試みた．適正基準（レベル０）を笑顔とし，目標を高く掲げた．笑顔の実践は，人の心を和ませ，利用者との信頼関係を深める意味で，声かけとともにきわめて有効である．現状がレベル１～４の場合は，ケースアドボケイト（利用者の権利を守り，よりよい状態にする）を行うことで，虐待（性）を排除する．

「ふつうの顔」については，ニュートラル（中立）的な位置づけとし，この時点で意識化することで，虐待（性）を防止することができる．表７における１～４の虐待レベルは，１コマの行為・場面をとらえており，かりに１日における虐待の総量は，グラフ５に示すように，レベルと時間・頻度によって決まる．

【表7】　顔の表情による心理・情緒的虐待防止のための評価基準表

レベル　0（適正基準）		レベル　1（ケースアドボケイト☆）	レベル　2（ケースアドボケイト☆☆）	レベル　3（ケースアドボケイト☆☆☆）	レベル　4（ケースアドボケイト☆☆☆☆）
笑顔（ほほえみ）	ふつうの顔（自然な顔）	・局面的な無表情 ・少しいやそうな顔で瞬間的なもの ・少し怒った顔で瞬間的なもの	・少し連続的な無表情 ・少しいやそうな顔で多少連続的なもの ・少し怒った顔で多少連続的なもの	・連続的な無表情 ・いやそうな顔で瞬間的なもの ・怒った顔で瞬間的なもの	・日常的な無表情 ・いやそうな顔で連続的なもの ・怒った顔で連続的なもの

※ レベルとは虐待のレベルを示す
※ 表情による虐待のレベルは，１コマ場面をとらえており，頻度の合計ではない
※ ☆は虐待排除のためのケースアドボケイトを示し，数はその重要性を示す
※ 「見下した表情」など，顔の表情のタイプは表１のⒶを参考に置き換えてとらえる

心理・情緒的虐待における表情と時間・頻度との関係

●グラフ５

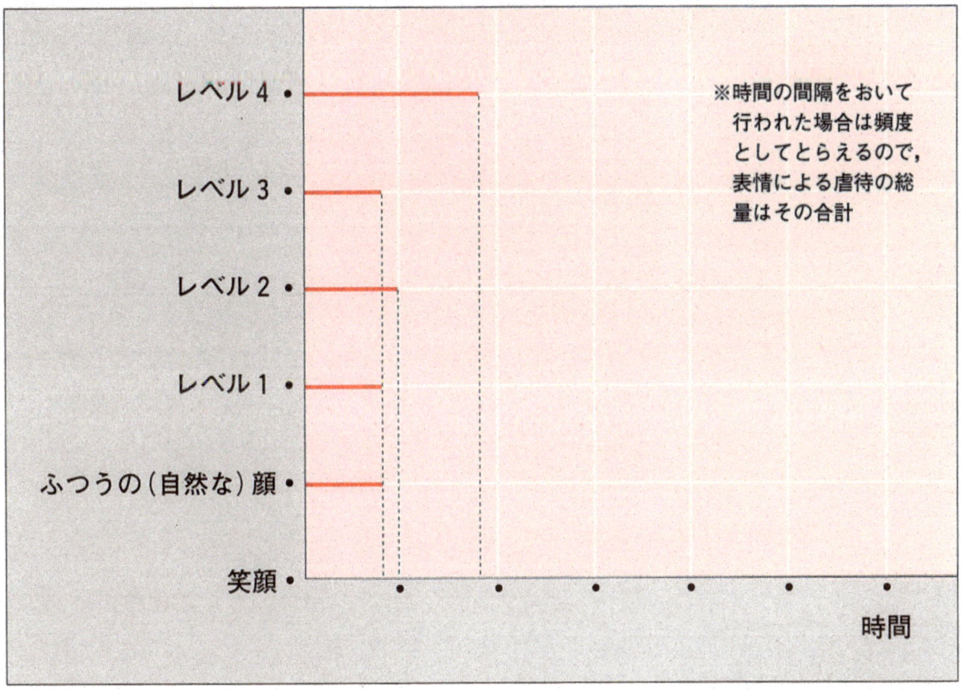

③態度による虐待防止のための評価基準について

態度は，動作・表情・言葉づかいなどの外面に表出したふるまいのことであり，その総体ともいえよう．利用者の身体に直接向けられたものであれば，身体的虐待のカテゴリーであり，顔の表情や言葉づかいを対象とすれば，心理・情緒的虐待としてとらえることができる．態度は，このようにあらゆる要素が複雑に関係しあって表現されるものであるが，ここではこれまでとりあげたものとの重複を避け，現場において，あってはならない行為についてとりあげることにする．

表８は，態度の基準解釈を「乱暴な動作やふるまい」と規定し，「乱暴な動作やふるまい」を利用者に直接向けられたものだけでなく，物を通して間接的に行われる行為も対象としている．意図のあるなしにかかわらず，「乱暴な動作やふるまい」をその度合いによってレベル０の「適正基準」にもとづき，レベル１～３の虐待レベルとして，比較できるよう整理した．

【表8】　態度による虐待防止のための評価基準表

レベル　0 （適正基準）	レベル　1 （ケースアドボケイト☆）	レベル　2 （ケースアドボケイト☆☆）	レベル　3 （ケースアドボケイト☆☆☆）
・乱暴な動作やふるまいをしない ・ていねいで静かな品性のあるふるまい （例） ・ふとんを静かにめくる ・お膳やコップなどの食器を静かに置く ・物を適切にわたす	・やや乱暴で少し雑なふるまい （例） ・やや無頓着にふとんをめくる ・お膳やコップなどの食器をやや強めに音を立てて置く ・物をわたすときにやや乱暴でていねいさに欠ける	・乱暴で雑なふるまい （例） ・無造作にふとんをめくる ・お膳やコップなどの食器を乱暴に強く置く ・物をわたすときに乱暴にわたす	・非常に乱暴なふるまい （例） ・払いのけるようにふとんをめくる ・お膳やコップなどの食器をたたきつけるように置く ・物をわたすときに，放り投げる ・まわりの物をけったり，たたいたりする

※ 虐待のレベルは，介護･看護展開手順などの1コマ場面をとらえており，頻度の合計ではない

※ ☆は虐待排除のためのケースアドボケイトを示し，数はその重要性を示す

ネグレクト（放任）防止のための評価基準のとらえかた

関連法規によって規定された，介護・看護等提供施設（特別養護老人ホーム・介護老人保健施設・介護療養型医療施設など）でサービスに携わる介護・看護専門職は，その法令における最低基準の指し示す義務を遵守すると同時に，利用者との契約履行をふまえた専門技術による実践が求められる．

とくに，利用者の残存能力を生かし，自立に向けた介護・看護の展開実践は必要不可欠であり，関連法規の中心理念となっている．具体的に示すと，老人福祉法および介護保険法の基準省令に「介護は，入所者の自立の支援及び日常生活の充実に資するよう，入所者の心身の状況に応じて，適切な技術をもって行わなければならない」とある．つまり，利用者が，いかなる状態におかれていても，よりよい状態に自己実現を図れるよう，その権利を守るということである．

いいかえれば，介護・看護職にあっては，義務として提供すべきすべての専門的サービスを，もれなく全過程を通して実施するということである．

ネグレクトは，①身体的ネグレクト，および②心理・情緒的ネグレクトに類別されるが，それぞれにおける虐待防止のための評価基準を示すこととする．

①身体的ネグレクト防止のための評価基準表について

表９－①は，身体的ネグレクトによる虐待防止のための評価基準表で，利用者の権利を尊重し，義務を果たすために必要な専門的技術による実践行為をA・B・Cに体系整理したものである．Aは「介護・看護等の展開手順」で，手順の省略などをネグレクトと位置づけた．Bは「自立に向けた専門的技術の実践」で，その専門的援助の怠慢と欠落をネグレクトと位置づけた．Cは「個別的なもの」とし，介護・看護の不実施・不十分なものをネグレクトと位置づけた．**表９－②**は，表９－①に示すA・B・Cの実施状態などによって，レベル０の「適正基準」にもとづき，レベル１～３の虐待レベルを比較できるよう整理した．介護・看護専門職によるネグレクトは，意図の有無にかかわらず，専門性の欠如から発生する．

【表9－①】 身体的ネグレクト防止のための評価基準表①

A（介護・看護などの展開手順）	B（自立に向けた専門的技術の実践）	C（個別的なもの）
介護・看護など，展開手順（マニュアル）に沿った専門的技術による完全な実施 （例） ・食事，入浴，排泄，座位，離床などの介護・看護展開手順の完全な実施 ・科学的根拠にもとづいた専門的技術の提供	食事，入浴，排泄，座位，離床介助などに利用者の残存能力を適切に活用し，自立に向けた専門的援助 （例） ・ギャッチベッドで少しずつ上体を起こす→リクライニングの車いすに徐々に座れるようにする→歩行器や杖で歩く，など自立に向けた展開 ・食事の時に利用者の手で持ちやすいスプーン・食器などの用意 ・自分でトイレに行けるよう，ポータブルトイレや尿器の用意も含めた援助 ・自分で着替えができるような援助	個別的な実践行為の適切・完全な実施 （例） ・食事・水の提供 ・適宜水・お茶をすすめる ・食物の温度確認 ・食事介助時，介助者の都合で食事を切り上げない ・手指・口などを清潔に拭く ・必要な治療を受けさせる ・シーツ交換時，シワを十分伸ばして利用者を寝かせる ・目やにを拭く ・ひげをそる ・口腔清拭を行う ・安全ベルトの装着 ・シャンプーハットの装着 ・入浴時に洗い残し（拭き残し）がない ・顔に湯をかけないようにする（かかった場合は拭く） ・皮膚・体調などの状態確認 ・プライバシーの保持 ・お湯の温度確認 ・マッサージの実施 ・おむつの的確な装着 ・おむつ交換時の清潔の保持 ・おむつ交換を適切な回数（適宜）行う ・排泄介助時の殿部の適切な清拭 ・安定した体位の確保 ・ベッドの角度調整 ・適切な体位交換を適切な回数（適宜）行う ・ナースコールに（すぐに）応答する ※その他表１で身体的ネグレクトに該当するもの

【表9－②】　身体的ネグレクト防止のための評価基準表②

レベル　0 （適正基準）	レベル　1 （ケースアドボケイト☆）	レベル　2 （ケースアドボケイト☆☆）	レベル　3 （ケースアドボケイト☆☆☆）
評価基準表①のA・B・Cにおいて完全な実施	評価基準表①のA・B・Cにやや不十分なところがあるが，不実施はない	評価基準表①のA・B・Cに不十分なものが多く，不実施が多少ある	評価基準表①のA・B・Cいずれも不実施が多い

※　虐待のレベルは，介護･看護展開手順の1コマ場面をとらえており，頻度の合計ではない

※　☆は虐待排除のためのケースアドボケイトを示し，数はその重要性を示す

②情緒的ネグレクト（言葉かけの欠如）防止のための評価基準表について

利用者の自立に向けた介護・看護の展開に必要な「はげまし」や「勇気づけ」「動機づけ」は，身体的行為とあいまって重要である．また，利用者の自己決定や意思の確認，潜在するニーズの掘り起こしとその確認，さらに，家庭的な雰囲気で利用者の不安を取り除き，心に安定を与えていくことも，専門職にとっては，必要欠くことのできない専門技術であり，そうした技術をもれなく提供してこそ，利用者の権利を守ることになる．ここでは，利用者の情緒に及ぼす影響の大きい「言葉かけ実践」の不実施や不十分なものを情緒的ネグレクトととらえ，**表10**に虐待防止のための評価基準を示した．

表10では，適正基準となる要件として，A・B・C・Dを規定し，排除すべきレベル１～３の虐待レベルを比較できるよう整理した．

本来，言葉かけの及ぼす効果を鑑みると，情緒的虐待に類するとらえかたもできるが，ここでは専門的「言葉かけ」の不足や欠如を情緒的ネグレクトととらえ，「言葉づかい」を情緒的虐待のカテゴリーとした．

【表10－①】　情緒的ネグレクト（言葉かけの欠如）防止のための評価基準表①

A	B	C	D	E
自立に向けた励ましや勇気づけ，動機づけが実践できる (例) ・〇〇さん，だいぶ手が上がるようになりましたね ・〇〇さん，この調子だともうすぐ車いすで散歩に行けそうですね	自己決定や意思の確認・了解・承諾などが適切にできる (例) ・〇〇さん，どれから召し上がりますか？ ・〇〇さん，お顔は，ご自分で拭かれますか？	潜在的ニーズ発見と確認ができる (例) ・〇〇さん，本当はもう少しゆっくりのほうがよいですか？ ・〇〇さん，のどが渇いていませんか？ ・〇〇さんは～～と言っていますが，本当は……してほしいのではないですか？	家庭的で，不安を取り除き，心に安定や向上心を与える実践（あいさつ･説明などを含む） (例) ・〇〇さん，よかったですね．大丈夫ですよ ・〇〇さん，私がいつもそばにいますからね	アクション前の適切な言葉かけ 言葉かけと同時に行うと，利用者がびっくりする 行為の後の言葉かけでは，人権侵害（虐待）に該当する

【表10－②】　情緒的ネグレクト（言葉かけの欠如）防止のための評価基準表②

レベル　0 （適正基準）	レベル　1 （ケースアドボケイト☆）	レベル　2 （ケースアドボケイト☆☆）	レベル　3 （ケースアドボケイト☆☆☆）
評価基準表①のA・B・C・D・Eにおいて完全な実施	評価基準表①のA・B・C・D・Eいずれもやや不十分	評価基準表①のA・B・C・D・Eいずれも不十分	評価基準表①のA・B・C・D・Eいずれもきわめて不十分

※ 虐待のレベルは，介護･看護展開手順の1コマ場面をとらえており，頻度の合計ではない

※ ☆は虐待排除のためのケースアドボケイトを示し，数はその重要性を示す

第Ⅱ部

虐待防止のための評価基準実践例

■介護・看護職における虐待のとらえかた

■介護展開手順における虐待防止のためのケースアドボケイト実践（食事介助時／入浴介助時／排泄介助時）

介護・看護職における虐待のとらえかた

利用者は，法令によって指定された介護施設および居宅介護サービスなどを利用するにあたって，適切な専門的サービスを受ける権利がある．その権利を守るために，介護・看護職は，利用者に対して適切な専門的サービスを提供しなければならない．

したがって，専門性の欠如したサービス提供によって，利用者に身体的または心理・情緒的な苦痛を与えることは，意図のあるなしにかかわらず，利用者の権利の侵害にあたり，「虐待」であるととらえる．

介護・看護職のケースアドボケイト実践とは？

アドボカシーの実践であり，介護・看護職が，個々の利用者に対応した専門的サービスを提供し，利用者の権利が守られるように，自分自身のサービス提供を評価し，アドボケーターとしてよりよいサービスへと改善する実践である．

↓

ケースアドボケイト実践と虐待防止の関係について

利用者の権利を守り，よりよいサービスに改善していくためのケースアドボケイト実践によって，虐待（性）が排除される．このことを介護・看護職がより意識化することによって，虐待防止につながる．

〈用語解説〉

アドボカシー：利用者の立場にたって，権利を擁護すること
ケースアドボケイト：個々の利用者の権利を尊重し，よりよいサービスへと改善すること
アドボケーター：利用者の立場にたって権利擁護を実践する人のこと（本書では，利用者へのサービス提供を行う介護・看護職のことをさす）

チェックリスト　記入のしかた

介護・看護職が，サービス提供場面において，知らず知らずのうちに利用者の権利を侵害し，虐待とならないよう，ケースアドボケイト実践（よりよいサービスにして利用者の権利を守ること）を行うことが有効である．そのさい，自らのサービス提供行為を確認・評価するためのチェックリストと記入のしかたを以下に示す．

記入手順

① まず，自分自身の行うサービス提供行為を確認する
② そのサービス提供行為がどの虐待種別に該当するかを確認する
③ 該当ページの評価基準を参照し，自分自身の現状をどの虐待レベルに該当するか評価する
④ 自分自身の現状と照らし合わせ，該当する虐待レベルに○をつける

↓

虐待レベルが「レベル0」（適正基準）に近づくよう，日々の実践への意識化をはかる

【例】

①自分自身の行うサービス提供行為を確認する

②サービス提供行為「介助開始前のあいさつ」が，虐待の3領域では「ネグレクト（放任）」につながることを確認する

③21ページ表10−①②「情緒的ネグレクト（言葉かけの欠如）における評価基準表」を参照し，自分自身の現状を確認する

④自分自身の現状と照らし合わせた結果，「レベル0」（適正基準）に該当し，虐待行為はないと判断すれば「0」に○をつける

サービス提供行為		虐待の種別	評価基準（虐待レベル）					参照ページ
介助開始前のあいさつ		身体的虐待						
		心理・情緒的虐待						
	○	ネグレクト（放任）	(0)	1	2	3		P.21 表10−①②
言葉づかい		身体的虐待						
	○	心理・情緒的虐待	0	1	2			P.10～11 表4−①②
		ネグレクト（放任）						
表情（笑顔）		身体的虐待						
	○	心理・情緒的虐待	0	1	2	3	4	P.14 表7
		ネグレクト（放任）						
態　度		身体的虐待						
	○	心理・情緒的虐待	0	1	2	3		P.16 表8
		ネグレクト（放任）						

介護展開手順における虐待防止のケースアドボケイト実践

食事介助時

① ケアプラン・食事摂取記録等の確認と入室時のあいさつ場面

ポイント＆実践例：ケースアドボケイト実践（よりよいサービスにして利用者の権利を守ること）

☆食事介助の前にケアプランおよび食事摂取記録などを確認し，状態把握をする
☆居室入室時のあいさつをする
☆温かいものは温かく，冷たいものは冷たくなっているか確認する
（例：温める必要があれば電子レンジなどで温める）

①「○○さん，失礼します」
②「○○さん，失礼してもよろしいですか？」

サービス提供行為		虐待の種別	評価基準（虐待レベル）					参照ページ
ケアプラン，介護日誌，食事摂取表等の確認		身体的虐待						
		心理・情緒的虐待						
	○	ネグレクト（放任）	0	1	2	3		P.18〜19 表9−①※,②
食物の温度を確認する		身体的虐待						
		心理・情緒的虐待						
	○	ネグレクト（放任）	0	1	2	3		P.18〜19 表9−①②
入室のあいさつ		身体的虐待						
		心理・情緒的虐待						
	○	ネグレクト（放任）	0	1	2	3		P.21 表10−①②
言葉づかい		身体的虐待						
	○	心理・情緒的虐待	0	1	2			P.10〜11 表4−①②
		ネグレクト（放任）						
表情（笑顔）		身体的虐待						
	○	心理・情緒的虐待	0	1	2	3	4	P.14 表7
		ネグレクト（放任）						
態　度		身体的虐待						
	○	心理・情緒的虐待	0	1	2	3		P.16 表8
		ネグレクト（放任）						

※この「食事介助時」実践例は，寝たきりの要介護者を想定しています．

❷ 食事開始時のあいさつ場面

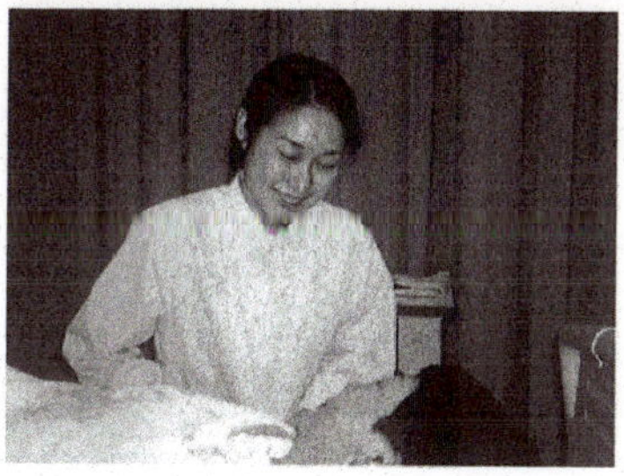

ポイント＆実践例：ケースアドボケイト実践（よりよいサービスにして利用者の権利を守ること）

☆介助開始前の利用者へのあいさつ
☆好ましくない言葉づかいをしてしまったら，挽回のなげかけ（言い直し）を忘れないようにする

例：「おはよう，どう，元気？」
↓
「おはようございます．いかがですか？　お元気ですか？」

①「こんにちは，〇〇さん，職員の〇〇です．ご気分はいかがですか？　これから，私がお食事のお手伝いをさせていただきますので，よろしくお願いします」

サービス提供行為	虐待の種別		評価基準（虐待レベル）					参照ページ
介助開始前のあいさつ		身体的虐待						
		心理・情緒的虐待						
	○	ネグレクト（放任）	0	1	2	3		P.21 表10−①②
言葉づかい		身体的虐待						
	○	心理・情緒的虐待	0	1	2			P.10〜11 表４−①②
		ネグレクト（放任）						
表情（笑顔）		身体的虐待						
	○	心理・情緒的虐待	0	1	2	3	4	P.14 表７
		ネグレクト（放任）						
態　度		身体的虐待						
	○	心理・情緒的虐待	0	1	2	3		P.16 表８
		ネグレクト（放任）						

MEMO

③ ベッドの角度調節場面

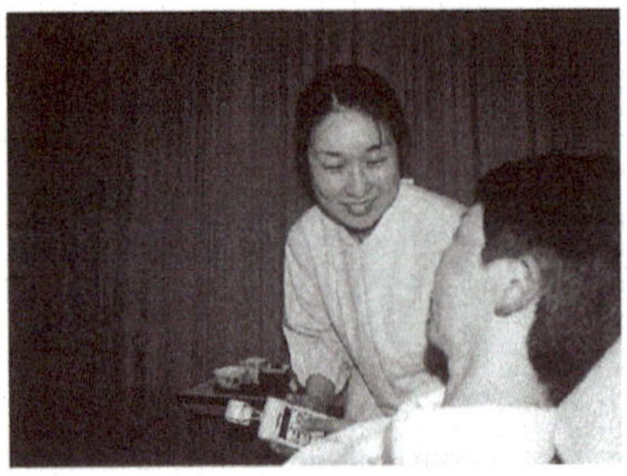

ポイント＆実践例：ケースアドボケイト実践（よりよいサービスにして利用者の権利を守ること）

☆食事のしやすい体位を確保する
☆アクション前の言葉かけをする
☆力加減（パワーコントロール）する

①「ベッドをゆっくり起こしますけれど，痛かったら言ってくださいね」

サービス提供行為		虐待の種別	評価基準（虐待レベル）					参照ページ
 ベッドを起こす（体位交換など）		身体的虐待						
		心理・情緒的虐待						
	○	ネグレクト（放任）	0	1	2	3		P.18～19 表 9－①②
 アクション前の言葉かけ		身体的虐待						
		心理・情緒的虐待						
	○	ネグレクト（放任）	0	1	2	3		P.21 表10－①②
 パワーコントロール	○	身体的虐待	0	1	2	3	4	P. 7 表 3
		心理・情緒的虐待						
		ネグレクト（放任）						
 言葉かけ		身体的虐待						
		心理・情緒的虐待						
	○	ネグレクト（放任）	0	1	2	3		P.21 表10－①②
 言葉づかい		身体的虐待						
	○	心理・情緒的虐待	0	1	2			P.10～11 表 4－①②
		ネグレクト（放任）						
 表情（笑顔）		身体的虐待						
	○	心理・情緒的虐待	0	1	2	3	4	P.14 表 7
		ネグレクト（放任）						
 態　度		身体的虐待						
	○	心理・情緒的虐待	0	1	2	3		P.16 表 8
		ネグレクト（放任）						

④ エプロン掛けの場面

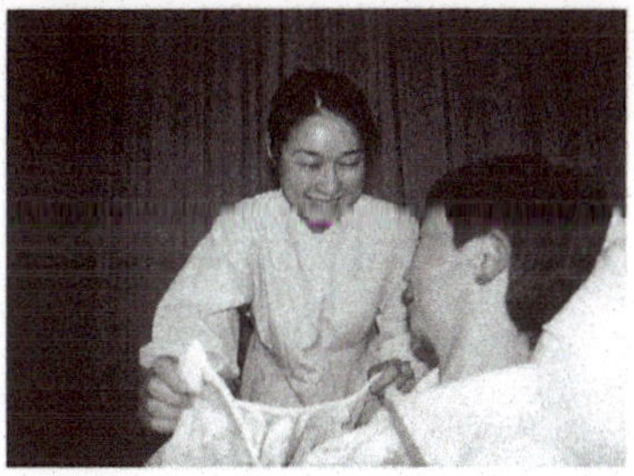

ポイント＆実践例：ケースアドボケイト実践（よりよいサービスにして利用者の権利を守ること）

☆生活習慣としての食事の準備を整える
（エプロン・入れ歯・おしぼり・自立支援用のスプーンなどの用意）
☆アクション前の言葉かけをする
☆エプロンをかけるときに力加減（パワーコントロール）する

①「○○さん，エプロンをかけさせていただきますね」
「失礼します」

サービス提供行為	虐待の種別		評価基準（虐待レベル）					参照ページ
 エプロン，入れ歯，自立支援用のスプーン，食器を用意する		身体的虐待						
		心理・情緒的虐待						
	○	ネグレクト（放任）	0	1	2	3		P.18～19 表9－①※,②
 アクション前の言葉かけ		身体的虐待						
		心理・情緒的虐待						
	○	ネグレクト（放任）	0	1	2	3		P.21 表10－①②
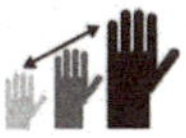 パワーコントロール	○	身体的虐待	0	1	2	3	4	P.7 表3
		心理・情緒的虐待						
		ネグレクト（放任）						
 言葉づかい		身体的虐待						
	○	心理・情緒的虐待	0	1	2			P.10～11 表4－①②
		ネグレクト（放任）						
 表情（笑顔）		身体的虐待						
	○	心理・情緒的虐待	0	1	2	3	4	P.14 表7
		ネグレクト（放任）						
 態　度		身体的虐待						
	○	心理・情緒的虐待	0	1	2	3		P.16 表8
		ネグレクト（放任）						

MEMO

5 手指の清拭の場面

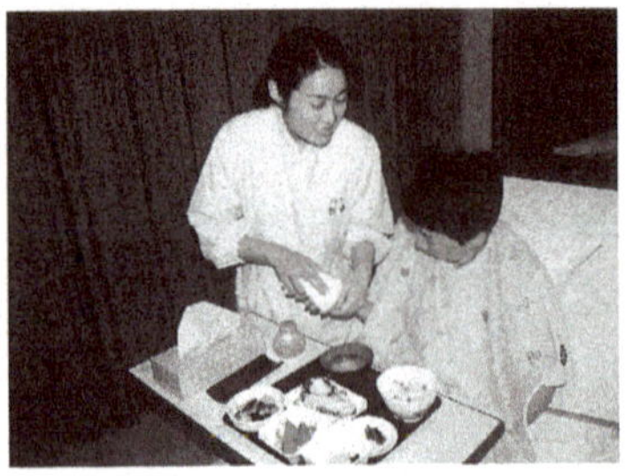

ポイント＆実践例：ケースアドボケイト実践（よりよいサービスにして利用者の権利を守ること）

☆利用者が自分で拭けない時は，手指をおしぼりで拭く（清潔の保持）
☆手指を拭くときに力加減（パワーコントロール）する

①「○○さん，お食事の前に手を拭かせてくださいね」
②「やさしく拭きますけど，もし痛かったら言ってくださいね」
③「おしぼりが温かくて気持ちいいですか？」
④「きれいになりましたので，お食事にしましょう」

サービス提供行為		虐待の種別	評価基準（虐待レベル）					参照ページ
手指を清潔に拭く		身体的虐待						
		心理・情緒的虐待						
	○	ネグレクト（放任）	0	1	2	3		P.18〜16 表 9 −①②
アクション前の言葉かけ		身体的虐待						
		心理・情緒的虐待						
	○	ネグレクト（放任）	0	1	2	3		P.21 表10−①②
パワーコントロール	○	身体的虐待	0	1	2	3	4	P. 7 表 3
		心理・情緒的虐待						
		ネグレクト（放任）						
言葉かけ		身体的虐待						
		心理・情緒的虐待						
	○	ネグレクト（放任）	0	1	2	3		P.21 表10−①②
言葉づかい		身体的虐待						
	○	心理・情緒的虐待	0	1	2			P.10〜11 表 4 −①②
		ネグレクト（放任）						
表情（笑顔）		身体的虐待						
	○	心理・情緒的虐待	0	1	2	3	4	P.14 表 7
		ネグレクト（放任）						
態　度		身体的虐待						
	○	心理・情緒的虐待	0	1	2	3		P.16 表 8
		ネグレクト（放任）						

⑥ メニューの紹介場面

ポイント＆実践例：ケースアドボケイト実践（よりよいサービスにして利用者の権利を守ること）

☆まず，メニューの紹介をする（食欲をそそるように）
☆ミキサー食やキザミ食の利用者にも紹介する
☆反応があまりない人や認知機能障害（認知症など）にもしっかり言葉かけをする
☆紹介するときに，おかずが見えるように配慮する

①「デザートは施設の近くでとれた甘くてみずみずしいイチゴですよ！」
②「これは新鮮な鰯のミキサーです．鰯の香りがおいしそうですね！」

サービス提供行為		虐待の種別	評価基準（虐待レベル）					参照ページ
食欲をそそるメニューの紹介（ミキサー食も含む）		身体的虐待						
		心理・情緒的虐待						
	○	ネグレクト（放任）	0	1	2	3		P.21 表10−①②
言葉かけ		身体的虐待						
		心理・情緒的虐待						
	○	ネグレクト（放任）	0	1	2	3		P.21 表10−①②
言葉づかい		身体的虐待						
	○	心理・情緒的虐待	0	1	2			P.10〜11 表4−①②
		ネグレクト（放任）						
表情（笑顔）		身体的虐待						
	○	心理・情緒的虐待	0	1	2	3	4	P.14 表7
		ネグレクト（放任）						
態　度		身体的虐待						
	○	心理・情緒的虐待	0	1	2	3		P.16 表8
		ネグレクト（放任）						

MEMO

7 メニューの自己決定場面

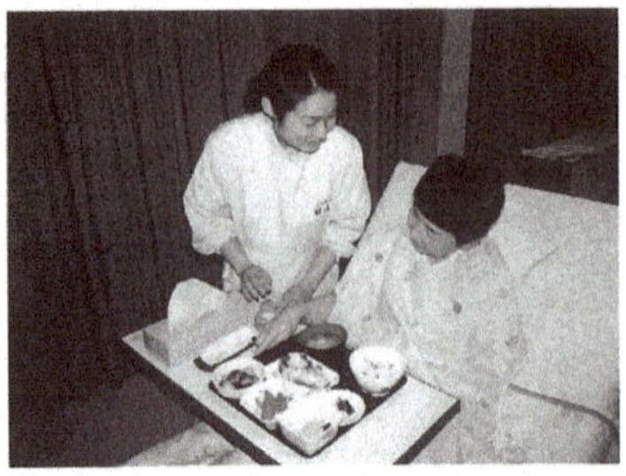

ポイント＆実践例：ケースアドボケイト実践（よりよいサービスにして利用者の権利を守ること）

☆どれから食べるかといった利用者のメニューの自己決定を尊重する
☆利用者が自己決定できない場合も言葉かけをする

①「○○さん，どちらから召し上がりますか？」
②「私におまかせいただいてもよろしいでしょうか？」
③「私のほうからおすすめしてみますね」

サービス提供行為	虐待の種別		評価基準（虐待レベル）					参照ページ
メニューの自己決定		身体的虐待						
		心理・情緒的虐待						
	○	ネグレクト（放任）	0	1	2	3		P.21 表10−①②
言葉かけ		身体的虐待						
		心理・情緒的虐待						
	○	ネグレクト（放任）	0	1	2	3		P.21 表10−①②
言葉づかい		身体的虐待						
	○	心理・情緒的虐待	0	1	2			P.10〜11 表４−①②
		ネグレクト（放任）						
表情（笑顔）		身体的虐待						
	○	心理・情緒的虐待	0	1	2	3	4	P.14 表７
		ネグレクト（放任）						
態　度		身体的虐待						
	○	心理・情緒的虐待	0	1	2	3		P.16 表８
		ネグレクト（放任）						

MEMO

⑧ 食前のお茶をすすめる場面

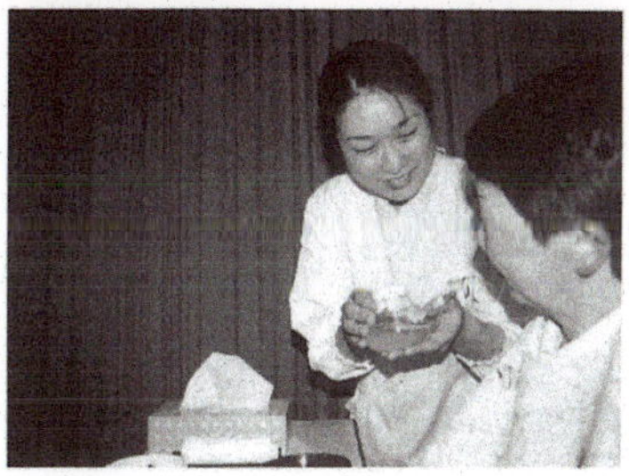

ポイント＆実践例：ケースアドボケイト実践（よりよいサービスにして利用者の権利を守ること）

☆食事の前に水・お茶などをすすめるとよい．また，意思表示のむずかしい利用者にも適宜言葉かけをする

①「○○さん，お食事の前にお茶でもいかがですか？」
②「お茶でもいかがですか？」
③「お茶を飲んだら，食欲が出てきますよ」

サービス提供行為	虐待の種別		評価基準（虐待レベル）					参照ページ
適宜，水・お茶をすすめる		身体的虐待						
		心理・情緒的虐待						
	○	ネグレクト（放任）	0	1	2	3		P.18～19 表 9 −①②
アクション前の言葉かけ		身体的虐待						
		心理・情緒的虐待						
	○	ネグレクト（放任）	0	1	2	3		P.21 表10−①②
言葉かけ		身体的虐待						
		心理・情緒的虐待						
	○	ネグレクト（放任）	0	1	2	3		P.21 表10−①②
言葉づかい		身体的虐待						
	○	心理・情緒的虐待	0	1	2			P.10～11 表 4 −①②
		ネグレクト（放任）						
表情（笑顔）		身体的虐待						
	○	心理・情緒的虐待	0	1	2	3	4	P.14 表 7
		ネグレクト（放任）						
態　度		身体的虐待						
	○	心理・情緒的虐待	0	1	2	3		P.16 表 8
		ネグレクト（放任）						

MEMO

9 安全確保と利用者主体の介助場面

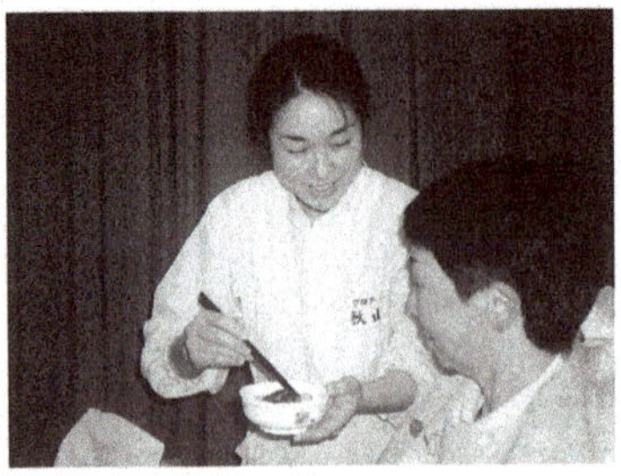

ポイント＆実践例：ケースアドボケイト実践（よりよいサービスにして利用者の権利を守ること）

☆食事は栄養上重要なので，摂取目標（摂取記録を確認する）を念頭におき，達成できるようにする
☆ケアプランに留意し，つねに利用者の摂取状況に気を配り，食べ物が喉につまったり，せきこんだりしないように適量で行う
☆そしゃく・嚥下の状態は，利用者によってちがうので，利用者のペースに合わせるようにする（せかすことは厳禁．待つ姿勢が大切）

①「〇〇さん，お食事の量は，このくらいでよろしいですか？」
②「〇〇さん，お食事の早さは，このくらいでよろしいでしょうか？」
「ゆっくり召し上がってくださいね」

サービス提供行為		虐待の種別	評価基準（虐待レベル）					参照ページ
 誤嚥・むせかえり，喉につまらないように，量とペースを利用者に確認する		身体的虐待						
		心理・情緒的虐待						
	○	ネグレクト（放任）	0	1	2	3		P.21 表10−①②
 適宜，水・お茶をすすめる		身体的虐待						
		心理・情緒的虐待						
	○	ネグレクト（放任）	0	1	2	3		P.18〜19 表９−①②
 介護者の都合で食事を打ち切らない		身体的虐待						
		心理・情緒的虐待						
	○	ネグレクト（放任）	0	1	2	3		P.18〜19 表９−①②
 アクション前の言葉かけ		身体的虐待						
		心理・情緒的虐待						
	○	ネグレクト（放任）	0	1	2	3		P.21 表10−①②
 言葉づかい		身体的虐待						
	○	心理・情緒的虐待	0	1	2			P.10〜11 表４−①②
		ネグレクト（放任）						
 言葉かけ		身体的虐待						
	○	心理・情緒的虐待	0	1	2	3		P.21 表10−①②
		ネグレクト（放任）						
 表情（笑顔）		身体的虐待						
	○	心理・情緒的虐待	0	1	2	3	4	P.14 表７
		ネグレクト（放任）						
 態　度		身体的虐待						
	○	心理・情緒的虐待	0	1	2	3		P.16 表８
		ネグレクト（放任）						

⑩ 自立支援の声かけ援助場面

ポイント＆実践例：ケースアドボケイト実践（よりよいサービスにして利用者の権利を守ること）

☆ケアプランの内容にそって，励ましや勇気づけの言葉かけをする
（言葉かけは大切だが食事の妨げにならないよう気をつける）

☆会話は家庭的な雰囲気を大切にする
（生活上の趣味や行事・思い出話などを交えるとよい）

☆食事の素材を話題にしながら食が進むように言葉かけを行う．素材について季節（旬の話），産地（海・山・川・田・畑をほうふつとさせる），色・形・やわらかさ，味などにもふれて，おいしそうに，笑顔で，なるべく大きな声で言葉かけをする

☆アクション前の言葉かけをする

①「今日はとっても体調がよさそうですね．もうすぐ車いすで外にも出られると，リハビリの先生が言っていましたよ」

②「○○さん，畑でとれた新じゃがですよ．あったかくて，ほくほくしていて，とってもおいしそうですね．これを召し上がれば，きっと元気が出てきますよ．元気が出てきたら，車いすでお庭を散歩しましょうね」

サービス提供行為		虐待の種別	評価基準（虐待レベル）					参照ページ
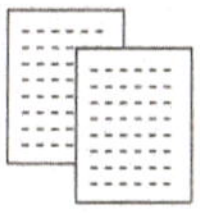 ケアプランに沿った励ましや勇気づけ		身体的虐待						
		心理・情緒的虐待						
	○	ネグレクト（放任）	0	1	2	3		P.21 表10−①②
 アクション前の言葉かけ		身体的虐待						
		心理・情緒的虐待						
	○	ネグレクト（放任）	0	1	2	3		P.21 表10−①②
 言葉かけ		身体的虐待						
		心理・情緒的虐待						
	○	ネグレクト（放任）	0	1	2	3		P.21 表10−①②
 言葉づかい		身体的虐待						
	○	心理・情緒的虐待	0	1	2			P.10〜11 表４−①②
		ネグレクト（放任）						
 表情（笑顔）		身体的虐待						
	○	心理・情緒的虐待	0	1	2	3	4	P.14 表７
		ネグレクト（放任）						
 態　度		身体的虐待						
	○	心理・情緒的虐待	0	1	2	3		P.16 表８
		ネグレクト（放任）						

⑪ 主食・副食を混ぜる行為の確認場面

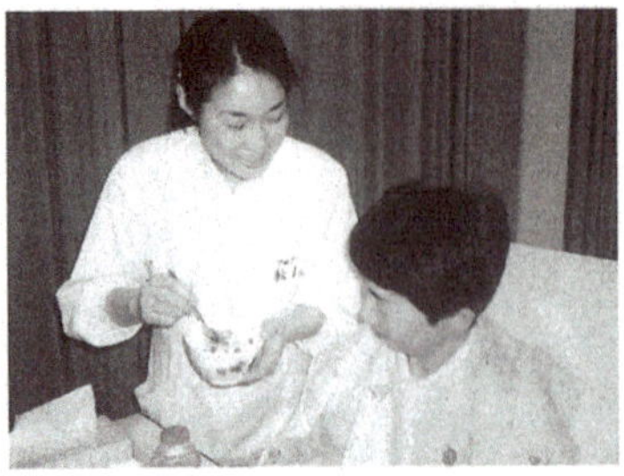

ポイント＆実践例：ケースアドボケイト実践（よりよいサービスにして利用者の権利を守ること）

☆好き嫌いなどで食べにくい副食を主食に混ぜる場合，利用者に了解を得る
☆援助者の都合で混ぜるのは禁止
☆薬を主食や副食に混ぜないこと．苦みなどでどうしても飲みにくいときは，本人とその家族などに了解を得て，専用のカスタードクリームなどに混ぜて食後にすすめるようにする

①「○○さん，このお魚食べにくかったら，ご飯に混ぜてみましょうか？」

サービス提供行為		虐待の種別	評価基準（虐待レベル）					参照ページ
主食に副食を混ぜる行為の確認（承諾）		身体的虐待						
		心理・情緒的虐待						
	◯	ネグレクト（放任）	0	1	2	3		P.21 表10−①②
アクション前の言葉かけ		身体的虐待						
		心理・情緒的虐待						
	◯	ネグレクト（放任）	0	1	2	3		P.21 表10−①②
言葉かけ		身体的虐待						
		心理・情緒的虐待						
	◯	ネグレクト（放任）	0	1	2	3		P.21 表10−①②
言葉づかい		身体的虐待						
	◯	心理・情緒的虐待	0	1	2			P.10〜11 表4−①②
		ネグレクト（放任）						
表情（笑顔）		身体的虐待						
	◯	心理・情緒的虐待	0	1	2	3	4	P.14 表7
		ネグレクト（放任）						
態　度		身体的虐待						
	◯	心理・情緒的虐待	0	1	2	3		P.16 表8
		ネグレクト（放任）						

MEMO

⑫ 生活リハビリの実践（自立支援）場面

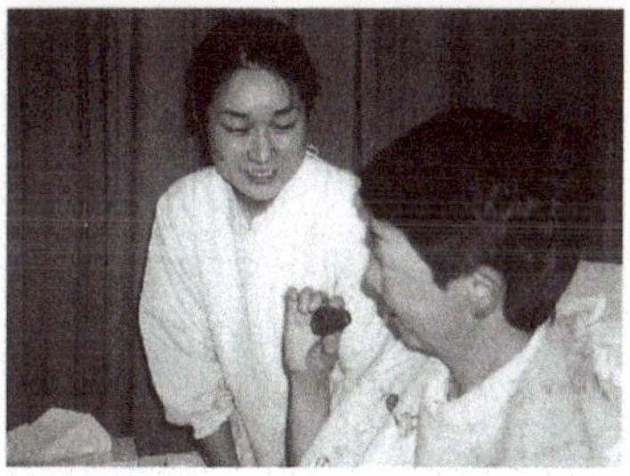

ポイント＆実践例：ケースアドボケイト実践（よりよいサービスにして利用者の権利を守ること）

☆自立支援の観点から，残存機能を生かした生活リハビリの一環として，できるだけ自分で食べられるものは自分で食べるようすすめる（エンパワメントする）

①「○○さん，真っ赤なイチゴをご自分の手にとって食べてみませんか？」「採りたてなので，甘くてきっとおいしいですよ」
②「手や指のリハビリにもなりますからね」「スプーンが上手に持てるようになりましたね」

サービス提供行為		虐待の種別	評価基準（虐待レベル）					参照ページ
自分で食べられるものは，自分で食べるようすすめる（自立支援）		身体的虐待						
		心理・情緒的虐待						
	○	ネグレクト（放任）	0	1	2	3		P.21 表10−①②
言葉かけ		身体的虐待						
		心理・情緒的虐待						
	○	ネグレクト（放任）	0	1	2	3		P.21 表10−①②
言葉づかい		身体的虐待						
	○	心理・情緒的虐待	0	1	2			P.10〜11 表４−①②
		ネグレクト（放任）						
表情（笑顔）		身体的虐待						
	○	心理・情緒的虐待	0	1	2	3	4	P.14 表７
		ネグレクト（放任）						
態　度		身体的虐待						
	○	心理・情緒的虐待	0	1	2	3		P.16 表８
		ネグレクト（放任）						

MEMO

⑬ 食べ残しの清拭場面

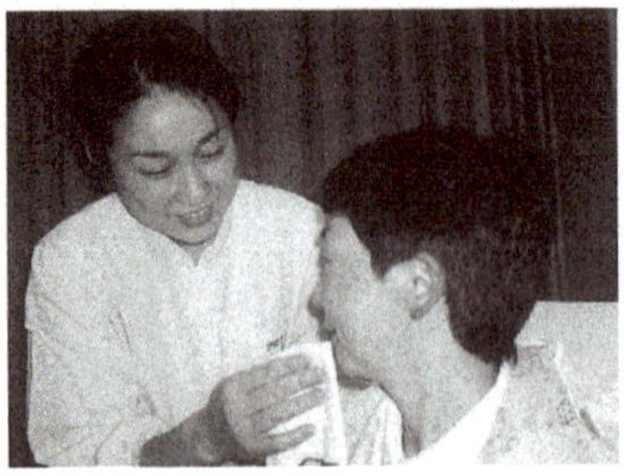

ポイント＆実践例：ケースアドボケイト実践（よりよいサービスにして利用者の権利を守ること）

☆食事時および食後に利用者が自分で口まわりなどを拭けない場合は，ティッシュペーパーやおしぼりなどできれいに拭きとる

①「○○さん，お食事の途中ですが，ちょっと失礼して，お口を拭かせていただきますね」

②「○○さん，今日は，たくさん召し上がれてよかったですね．では，最後にお口のまわりをきれいにさせていただきますね」

サービス提供行為		虐待の種別	評価基準（虐待レベル）					参照ページ
 食べ残しの清拭（そのつど拭く）		身体的虐待						
		心理・情緒的虐待						
	○	ネグレクト（放任）	0	1	2	3		P.18〜19 表9−①②
 アクション前の言葉かけ		身体的虐待						
		心理・情緒的虐待						
	○	ネグレクト（放任）	0	1	2	3		P.21 表10−①②
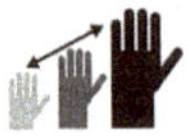 パワーコントロール	○	身体的虐待	0	1	2	3	4	P.7 表3
		心理・情緒的虐待						
		ネグレクト（放任）						
 言葉かけ		身体的虐待						
		心理・情緒的虐待						
	○	ネグレクト（放任）	0	1	2	3		P.21 表10−①②
 言葉づかい		身体的虐待						
	○	心理・情緒的虐待	0	1	2			P.10〜11 表4−①②
		ネグレクト（放任）						
 表情（笑顔）		身体的虐待						
	○	心理・情緒的虐待	0	1	2	3	4	P.14 表7
		ネグレクト（放任）						
 態　度		身体的虐待						
	○	心理・情緒的虐待	0	1	2	3		P.16 表8
		ネグレクト（放任）						

⑭ 介助終了のあいさつ場面

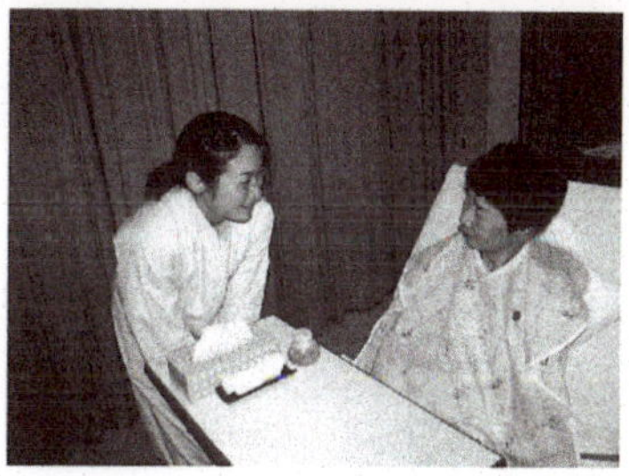

ポイント＆実践例：ケースアドボケイト実践（よりよいサービスにして利用者の権利を守ること）

☆力加減（パワーコントロール）してエプロンをとる
☆食事介助終了時のあいさつをする

①「○○さん，エプロンをとらせていただきます」
②「○○さん，だんだん食事が食べられるようになってきましたね．私もお手伝いできてとてもうれしかったです．また，夕食もお手伝いさせていただきますね．どうも失礼しました」

※終了後，摂取表に記録し，報告する

サービス提供行為		虐待の種別	評価基準（虐待レベル）					参照ページ
介助終了のあいさつ		身体的虐待						
		心理・情緒的虐待						
	○	ネグレクト（放任）	0	1	2	3		P.21 表10−①②
言葉かけ		身体的虐待						
		心理・情緒的虐待						
	○	ネグレクト（放任）	0	1	2	3		P.21 表10−①②
パワーコントロール	○	身体的虐待	0	1	2	3	4	P.7 表3
		心理・情緒的虐待						
		ネグレクト（放任）						
言葉づかい		身体的虐待						
	○	心理・情緒的虐待	0	1	2			P.10〜11 表4−①②
		ネグレクト（放任）						
表情（笑顔）		身体的虐待						
	○	心理・情緒的虐待	0	1	2	3	4	P.14 表7
		ネグレクト（放任）						
態　度		身体的虐待						
	○	心理・情緒的虐待	0	1	2	3		P.16 表8
		ネグレクト（放任）						

MEMO

介護展開手順における虐待防止のケースアドボケイト実践

入浴介助時

① ケアプラン・介護日誌などの確認と入浴介助前のあいさつ場面

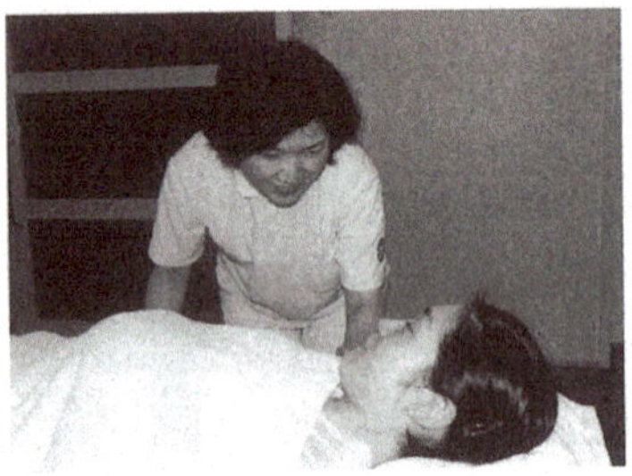

ポイント＆実践例：ケースアドボケイト実践（よりよいサービスにして利用者の権利を守ること）

☆ケアプラン・介護日誌などを確認する
☆利用者に体調を確認する
☆意思表示ができない利用者にも言葉かけをする
☆室温を適温に調節する

①「○○さん，こんにちは．今日○○さんのお手伝いをさせていただく職員の▲▲です．お風呂の準備ができましたので，よろしくお願いします」
②「○○さん，体調はいかがですか」
③「お部屋も暖かくなっていますから，寒くないと思います．それでは，着替えのお手伝いからさせていただきますね」

サービス提供行為		虐待の種別	評価基準（虐待レベル）					参照ページ
利用者に体調を確認する		身体的虐待						
		心理・情緒的虐待						
	○	ネグレクト（放任）	0	1	2	3		P.21 表10－①②
ケアプラン，介護日誌などのケアプランの確認		身体的虐待						
		心理・情緒的虐待						
	○	ネグレクト（放任）	0	1	2	3		P.18～19 表9－①※,②
部屋を暖める	○	身体的虐待	0	1	2	3		P.18～19 表9－①※,②
		心理・情緒的虐待						
		ネグレクト（放任）						
言葉かけ		身体的虐待						
		心理・情緒的虐待						
	○	ネグレクト（放任）	0	1	2	3		P.21 表10－①②
言葉づかい		身体的虐待						
	○	心理・情緒的虐待	0	1	2			P.10～11 表4－①②
		ネグレクト（放任）						
表情（笑顔）		身体的虐待						
	○	心理・情緒的虐待	0	1	2	3	4	P.14 表7
		ネグレクト（放任）						
態　度		身体的虐待						
	○	心理・情緒的虐待	0	1	2	3		P.16 表8
		ネグレクト（放任）						

※この「入浴介助時」実践例は，寝たきりの要介護者を想定しています．

❷ 残存機能を生かした上着の脱衣場面

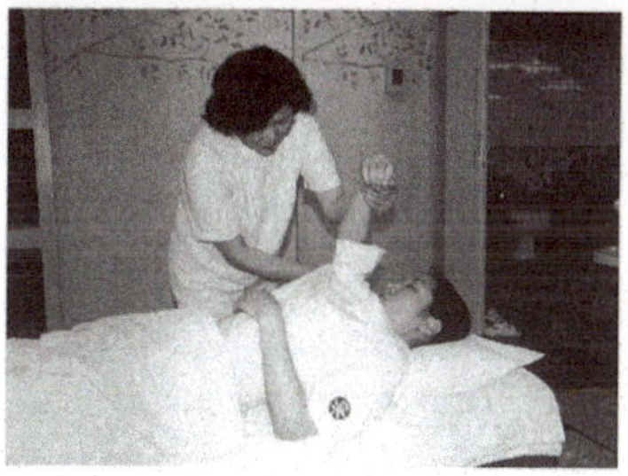

ポイント＆実践例：ケースアドボケイト実践（よりよいサービスにして利用者の権利を守ること）

☆残存機能を生かせるように援助する
☆アクション前の言葉かけをする
☆着替えの援助をする時は，必要以上に力を加えないよう，力加減（パワーコントロール）に注意する

①「まず，上着からお手伝いさせていただきますね」
「〇〇さん，リハビリになりますから，ご自分で少し腕を上げてみましょうか？」
「〇〇さん，ずいぶん手が上がるようになりましたね」
②「ゆっくり脱いでいきますから，安心してください．痛かったら言ってくださいね」

サービス提供行為	虐待の種別		評価基準（虐待レベル）					参照ページ
残存機能を生かした援助		身体的虐待						
		心理・情緒的虐待						
	○	ネグレクト（放任）	0	1	2	3		P.18〜19 表9−①②
アクション前の言葉かけ		身体的虐待						
		心理・情緒的虐待						
	○	ネグレクト（放任）	0	1	2	3		P.21 表10−①②
パワーコントロール	○	身体的虐待	0	1	2	3	4	P.7 表3
		心理・情緒的虐待						
		ネグレクト（放任）						
言葉かけ		身体的虐待						
		心理・情緒的虐待						
	○	ネグレクト（放任）	0	1	2	3		P.21 表10−①②
言葉づかい		身体的虐待						
	○	心理・情緒的虐待	0	1	2			P.10〜11 表4−①②
		ネグレクト（放任）						
表情（笑顔）		身体的虐待						
	○	心理・情緒的虐待	0	1	2	3	4	P.14 表7
		ネグレクト（放任）						
態　度		身体的虐待						
	○	心理・情緒的虐待	0	1	2	3		P.16 表8
		ネグレクト（放任）						

③ 残存機能を生かした下着の脱衣場面

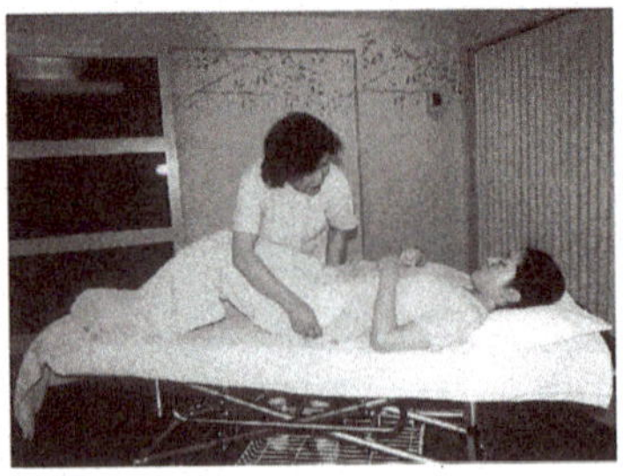

ポイント＆実践例：ケースアドボケイト実践（よりよいサービスにして利用者の権利を守ること）

☆残存機能を生かせるように援助する
☆アクション前の言葉かけをする
☆着替えの援助をする時は，必要以上に力を加えないよう，力加減（パワーコントロール）に注意する

①「腰を少し上げられますか？」「痛かったら無理をしないでくださいね」
②「ゆっくり脱いでいきますから，大丈夫ですよ．痛かったら言ってくださいね」

サービス提供行為		虐待の種別	評価基準（虐待レベル）					参照ページ
 残存機能を生かした援助		身体的虐待						
		心理・情緒的虐待						
	○	ネグレクト（放任）	0	1	2	3		P.18～19 表 9−①②
 アクション前の言葉かけ		身体的虐待						
		心理・情緒的虐待						
	○	ネグレクト（放任）	0	1	2	3		P.21 表10−①②
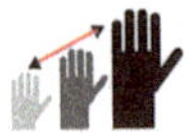 パワーコントロール	○	身体的虐待	0	1	2	3	4	P. 7 表 3
		心理・情緒的虐待						
		ネグレクト（放任）						
 言葉かけ		身体的虐待						
		心理・情緒的虐待						
	○	ネグレクト（放任）	0	1	2	3		P.21 表10−①②
 言葉づかい		身体的虐待						
	○	心理・情緒的虐待	0	1	2			P.10～11 表 4−①②
		ネグレクト（放任）						
 表情（笑顔）		身体的虐待						
	○	心理・情緒的虐待	0	1	2	3	4	P.14 表 7
		ネグレクト（放任）						
 態　度		身体的虐待						
	○	心理・情緒的虐待	0	1	2	3		P.16 表 8
		ネグレクト（放任）						

④ プライバシーの保持と保温の場面

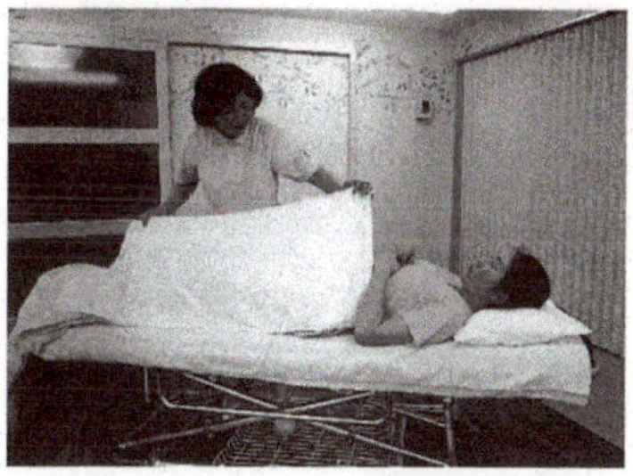

ポイント＆実践例：ケースアドボケイト実践（よりよいサービスにして利用者の権利を守ること）

☆プライバシーの保持と保温に努める

①「寒くありませんか？　バスタオルをおかけしますね」

サービス提供行為	虐待の種別		評価基準（虐待レベル）					参照ページ
室内温度の調節		身体的虐待						
		心理・情緒的虐待						
	○	ネグレクト（放任）	0	1	2	3		P.18～19 表９－①※,②
脱衣時の保温		身体的虐待						
		心理・情緒的虐待						
	○	ネグレクト（放任）	0	1	2	3		P.18～19 表９－①※,②
プライバシーの保護		身体的虐待						
		心理・情緒的虐待						
	○	ネグレクト（放任）	0	1	2	3		P.18～19 表９－①②
言葉かけ		身体的虐待						
		心理・情緒的虐待						
	○	ネグレクト（放任）	0	1	2	3		P.21 表10－①②
言葉づかい		身体的虐待						
	○	心理・情緒的虐待	0	1	2			P.10～11 表４－①②
		ネグレクト（放任）						
表情（笑顔）		身体的虐待						
	○	心理・情緒的虐待	0	1	2	3	4	P.14 表７
		ネグレクト（放任）						
態　度		身体的虐待						
	○	心理・情緒的虐待	0	1	2	3		P.16 表８
		ネグレクト（放任）						

⑤ 入浴ストレッチャーに抱いて移す場面

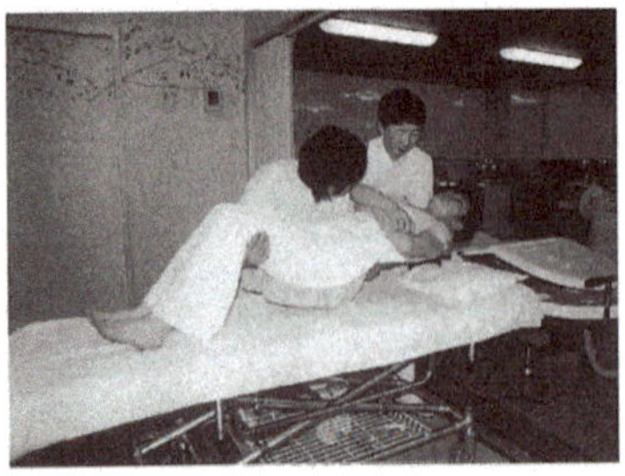

ポイント＆実践例：ケースアドボケイト実践（よりよいサービスにして利用者の権利を守ること）

☆介護者2名で下半身を抱える．1，2，3と言葉かけをし，利用者が心がまえをもてるようにする．アクションの前に言葉かけをしないと，動かすときにびっくりさせてしまうので，気をつける

☆入浴用ストレッチャーへ利用者の身体を抱く時と置く時は，なるべく震動や痛みがないように注意する

①「では，今から入浴用ストレッチャーへ移動します」
②「そっと抱きかかえますけど，痛いところがあったら言ってください」
③「よろしいですか？　1・2・3と声かけをしますからね．大丈夫ですよ」

サービス提供行為		虐待の種別	評価基準（虐待レベル）					参照ページ
アクション前の言葉かけ		身体的虐待						
		心理・情緒的虐待						
	○	ネグレクト（放任）	0	1	2	3		P.21 表10−①②
言葉かけ		身体的虐待						
		心理・情緒的虐待						
	○	ネグレクト（放任）	0	1	2	3		P.21 表10−①②
パワーコントロール	○	身体的虐待	0	1	2	3	4	P. 7 表 3
		心理・情緒的虐待						
		ネグレクト（放任）						
言葉づかい		身体的虐待						
	○	心理・情緒的虐待	0	1	2			P.10〜11 表 4 −①②
		ネグレクト（放任）						
表情（笑顔）		身体的虐待						
	○	心理・情緒的虐待	0	1	2	3	4	P.14 表 7
		ネグレクト（放任）						
態　度		身体的虐待						
	○	心理・情緒的虐待	0	1	2	3		P.16 表 8
		ネグレクト（放任）						

⑥ おむつを取りはずす声かけの場面

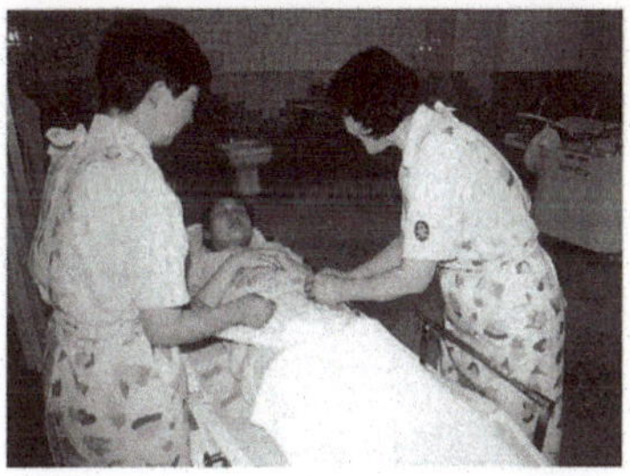

ポイント＆実践例：ケースアドボケイト実践（よりよいサービスにして利用者の権利を守ること）

☆おむつを取りはずす前には必ず言葉かけをする（了解を得る）

①「○○さん，おむつをはずさせていただいてよろしいですか？」
②「○○さん，おむつをはずさせていただきますね」
③「ゆっくりとはずさせていただきますからね」「安心してくださいね」

サービス提供行為		虐待の種別	評価基準（虐待レベル）					参照ページ
アクション前の言葉かけ		身体的虐待						
		心理・情緒的虐待						
	○	ネグレクト（放任）	0	1	2	3		P.21 表10−①②
言葉かけ		身体的虐待						
		心理・情緒的虐待						
	○	ネグレクト（放任）	0	1	2	3		P.21 表10−①②
言葉づかい		身体的虐待						
	○	心理・情緒的虐待	0	1	2			P.10〜11 表4−①②
		ネグレクト（放任）						
表情（笑顔）		身体的虐待						
	○	心理・情緒的虐待	0	1	2	3	4	P.14 表7
		ネグレクト（放任）						
態　度		身体的虐待						
	○	心理・情緒的虐待	0	1	2	3		P.16 表8
		ネグレクト（放任）						

MEMO

7 おむつをはずす場面

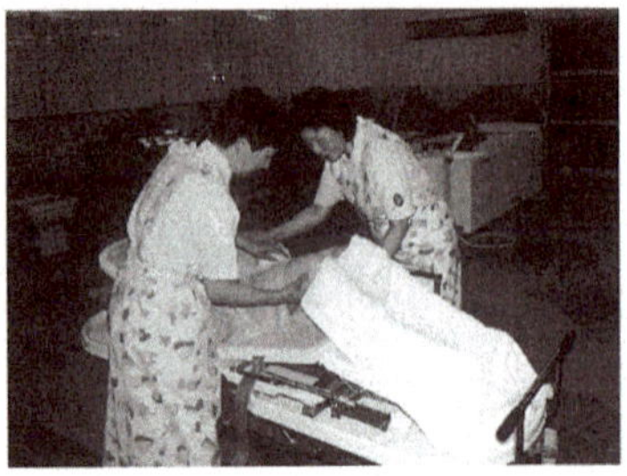

ポイント＆実践例：ケースアドボケイト実践（よりよいサービスにして利用者の権利を守ること）

☆おむつをはずすときは，利用者の残存機能を生かしながら行い，足を曲げるときや広げるときに援助者が力を入れすぎないよう，力加減（パワーコントロール）に注意して少しずつ行う
☆必ずアクションの前に言葉かけをする

①「〇〇さん，リハビリになりますから，ご自分でちょっと足を曲げてみていただけますか？」「無理をしないで，ゆっくりやってみてください」
②「〇〇さん，ここから少しお手伝いさせていただきますね．少しずつ曲げていきますから，安心してください．もし痛かったら，言ってくださいね」

サービス提供行為		虐待の種別	評価基準（虐待レベル）					参照ページ
 残存機能を生かした援助		身体的虐待						
		心理・情緒的虐待						
	〇	ネグレクト（放任）	0	1	2	3		P.18～19 表9－①②
 アクション前の言葉かけ		身体的虐待						
		心理・情緒的虐待						
	〇	ネグレクト（放任）	0	1	2	3		P.21 表10－①②
 言葉かけ		身体的虐待						
		心理・情緒的虐待						
	〇	ネグレクト（放任）	0	1	2	3		P.21 表10－①②
 パワーコントロール	〇	身体的虐待	0	1	2	3	4	P.7 表3
		心理・情緒的虐待						
		ネグレクト（放任）						
 言葉づかい		身体的虐待						
	〇	心理・情緒的虐待	0	1	2			P.10～11 表4－①②
		ネグレクト（放任）						
 表情（笑顔）		身体的虐待						
	〇	心理・情緒的虐待	0	1	2	3	4	P.14 表7
		ネグレクト（放任）						
 態　度		身体的虐待						
	〇	心理・情緒的虐待	0	1	2	3		P.16 表8
		ネグレクト（放任）						

❽ 安全ベルトを装着する場面

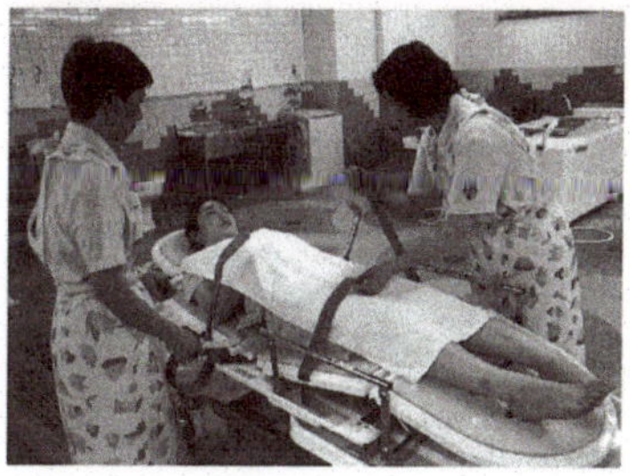

ポイント＆実践例：ケースアドボケイト実践（よりよいサービスにして利用者の権利を守ること）

☆安全ベルトを装着するときは，必ず言葉かけをする
☆乱暴にベルトを締めないよう注意する
　※法的には身体的拘束禁止となるが，ここでは必要やむをえない場合と解釈する
☆アクションの前に言葉かけをする

①「○○さん，安全ベルトをさせていただきますね」
②「きつくありませんか？」

サービス提供行為	虐待の種別		評価基準（虐待レベル）					参照ページ
安全ベルトの装着		身体的虐待						
		心理・情緒的虐待						
	○	ネグレクト（放任）	0	1	2	3		P.18〜19 表 9 −①②
アクション前の言葉かけ		身体的虐待						
		心理・情緒的虐待						
	○	ネグレクト（放任）	0	1	2	3		P.21 表10−①②
言葉かけ		身体的虐待						
		心理・情緒的虐待						
	○	ネグレクト（放任）	0	1	2	3		P.21 表10−①②
パワーコントロール	○	身体的虐待	0	1	2	3	4	P. 7 表 3
		心理・情緒的虐待						
		ネグレクト（放任）						
言葉づかい		身体的虐待						
	○	心理・情緒的虐待	0	1	2			P.10〜11 表 4 −①②
		ネグレクト（放任）						
表情（笑顔）		身体的虐待						
	○	心理・情緒的虐待	0	1	2	3	4	P.14 表 7
		ネグレクト（放任）						
態　度		身体的虐待						
	○	心理・情緒的虐待	0	1	2	3		P.16 表 8
		ネグレクト（放任）						

9 入浴用ストレッチャーの高さを調節する場面

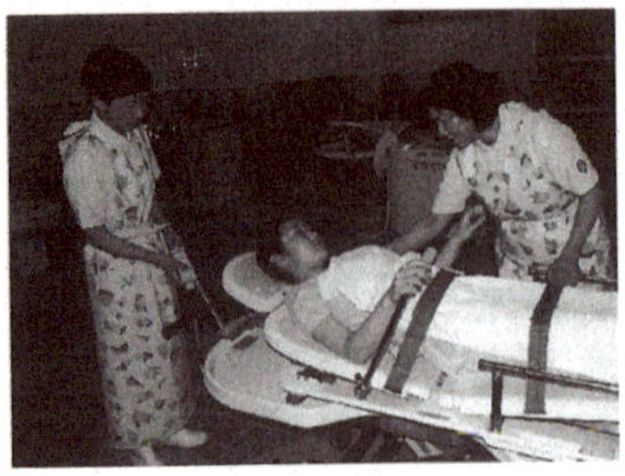

ポイント＆実践例：ケースアドボケイト実践（よりよいサービスにして利用者の権利を守ること）

☆入浴用ストレッチャーの高さ調節をする（上げる）ときは，必ずアクションの前（スイッチを押す前）に言葉かけをする

①「○○さん，ストレッチャーを上げさせていただきます．ゆっくり上がりますから安心してくださいね」

サービス提供行為		虐待の種別	評価基準（虐待レベル）					参照ページ
 アクション前の言葉かけ		身体的虐待						
		心理・情緒的虐待						
	○	ネグレクト（放任）	0	1	2	3		P.21 表10−①②
 言葉かけ		身体的虐待						
		心理・情緒的虐待						
	○	ネグレクト（放任）	0	1	2	3		P.21 表10−①②
 言葉づかい		身体的虐待						
	○	心理・情緒的虐待	0	1	2			P.10〜11 表4−①②
		ネグレクト（放任）						
 表情（笑顔）		身体的虐待						
	○	心理・情緒的虐待	0	1	2	3	4	P.14 表7
		ネグレクト（放任）						
 態　度		身体的虐待						
	○	心理・情緒的虐待	0	1	2	3		P.16 表8
		ネグレクト（放任）						

MEMO

⑩ 湯温を確認する場面

ポイント＆実践例：ケースアドボケイト実践（よりよいサービスにして利用者の権利を守ること）

☆最初にかけ湯を行うときは，まず介助者が手のひらで温度を確認する．かけ湯は心臓からいちばん離れたつま先から行い，利用者に湯加減（湯温）の確認をしてもらう
☆麻痺のある場合は健側から行う
☆アクションの前に言葉かけをする

①「○○さん，つま先から少しずつお湯をかけてみますので，お湯加減を確認してください」「いかがですか？　遠慮なく湯加減をおっしゃってください」
②「これくらいの温度でよろしいでしょうか？」「それでは，少しずつお身体のほうへかけさせていただきます．どうですか？　いいお湯加減ですか？」

サービス提供行為		虐待の種別	評価基準（虐待レベル）					参照ページ
介助者による湯温の確認		身体的虐待						
		心理・情緒的虐待						
	○	ネグレクト（放任）	0	1	2	3		P.18〜19 表 9 −①②
利用者によるお湯加減の確認		身体的虐待						
		心理・情緒的虐待						
	○	ネグレクト（放任）	0	1	2	3		P.21 表10−①②
言葉かけ		身体的虐待						
		心理・情緒的虐待						
	○	ネグレクト（放任）	0	1	2	3		P.21 表10−①②
言葉づかい		身体的虐待						
	○	心理・情緒的虐待	0	1	2			P.10〜11 表 4 −①②
		ネグレクト（放任）						
表情（笑顔）		身体的虐待						
	○	心理・情緒的虐待	0	1	2	3	4	P.14 表 7
		ネグレクト（放任）						
態　度		身体的虐待						
	○	心理・情緒的虐待	0	1	2	3		P.16 表 8
		ネグレクト（放任）						

⑪ シャンプーハットを装置する場面

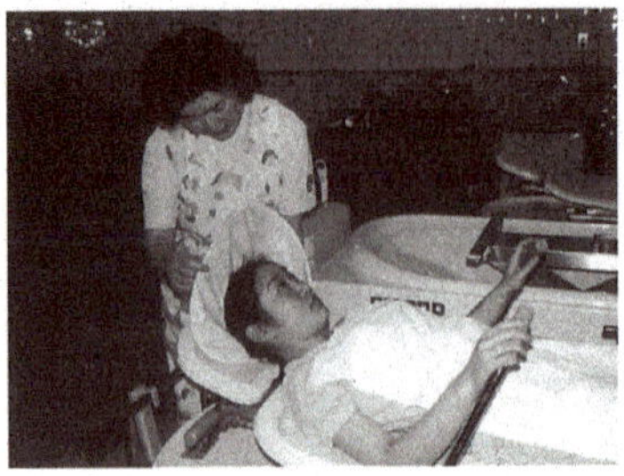

ポイント＆実践例：ケースアドボケイト実践（よりよいサービスにして利用者の権利を守ること）

☆シャンプーハットを装着するときは，必ず言葉かけをし，髪が引っぱられて痛くないように注意する
☆アクションの前に必ず言葉かけをする
☆シャンプーハットをとるときも同じ要領で行う

①「○○さん，今度は，頭のほうを洗わせていただきますね」
②「お顔にお湯がかからないように，シャンプーハットをつけさせていただきます」
③「失礼します」「痛くないように気をつけますが，もし痛かったら言ってくださいね」

サービス提供行為	虐待の種別		評価基準（虐待レベル）					参照ページ
シャンプーハットの装着		身体的虐待						
		心理・情緒的虐待						
	○	ネグレクト（放任）	0	1	2	3		P.18～19 表9－①②
アクション前の言葉かけ		身体的虐待						
		心理・情緒的虐待						
	○	ネグレクト（放任）	0	1	2	3		P.21 表10－①②
言葉かけ		身体的虐待						
		心理・情緒的虐待						
	○	ネグレクト（放任）	0	1	2	3		P.21 表10－①②
パワーコントロール	○	身体的虐待	0	1	2	3	4	P.7 表3
		心理・情緒的虐待						
		ネグレクト（放任）						
言葉づかい		身体的虐待						
	○	心理・情緒的虐待	0	1	2			P.10～11 表4－①②
		ネグレクト（放任）						
表情（笑顔）		身体的虐待						
	○	心理・情緒的虐待	0	1	2	3	4	P.14 表7
		ネグレクト（放任）						
態　度		身体的虐待						
	○	心理・情緒的虐待	0	1	2	3		P.16 表8
		ネグレクト（放任）						

⑫ 頭を洗う場面

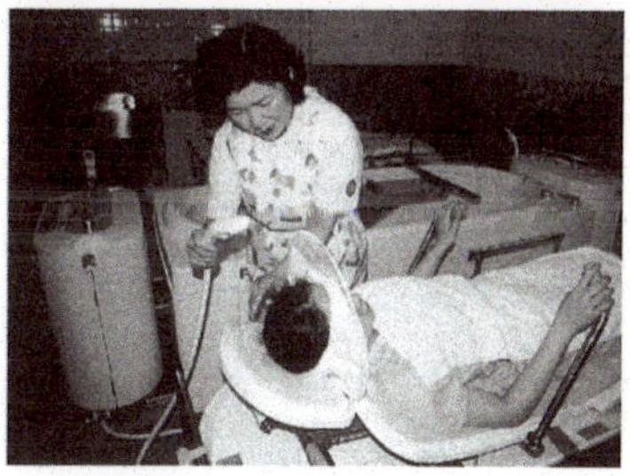

ポイント＆実践例：ケースアドボケイト実践（よりよいサービスにして利用者の権利を守ること）

☆もう一度自分の手のひらで湯加減をチェックし，言葉かけをしてから，頭にお湯をかける．また，シャンプーは直接頭にかけないで，手のひらで泡立ててから洗うようにする

☆洗うときに力加減（パワーコントロール）に注意する

☆洗髪後，利用者の状況によっては，保温のために頭をタオルでおおう

①「○○さん，お湯加減はいかがですか？」「洗う強さはこれくらいでよろしいですか？」

②「痛かったら言ってくださいね」「かゆいところがあったら言ってくださいね」

サービス提供行為	虐待の種別		評価基準（虐待レベル）					参照ページ
介助者による湯温の確認		身体的虐待						
		心理・情緒的虐待						
	○	ネグレクト（放任）	0	1	2	3		P.18～19 表9－①②
利用者による湯加減の確認		身体的虐待						
		心理・情緒的虐待						
	○	ネグレクト（放任）	0	1	2	3		P.21 表10－①②
アクション前の言葉かけ		身体的虐待						
		心理・情緒的虐待						
	○	ネグレクト（放任）	0	1	2	3		P.21 表10－①②
言葉かけ		身体的虐待						
		心理・情緒的虐待						
	○	ネグレクト（放任）	0	1	2	3		P.21 表10－①②
パワーコントロール	○	身体的虐待	0	1	2	3	4	P.7 表3
		心理・情緒的虐待						
		ネグレクト（放任）						
言葉づかい		身体的虐待						
	○	心理・情緒的虐待	0	1	2			P.10～11 表4－①②
		ネグレクト（放任）						
表情（笑顔）		身体的虐待						
	○	心理・情緒的虐待	0	1	2	3	4	P.14 表7
		ネグレクト（放任）						
態　度		身体的虐待						
	○	心理・情緒的虐待	0	1	2	3		P.16 表8
		ネグレクト（放任）						

⑬ シャンプー後の顔と髪を拭く場面

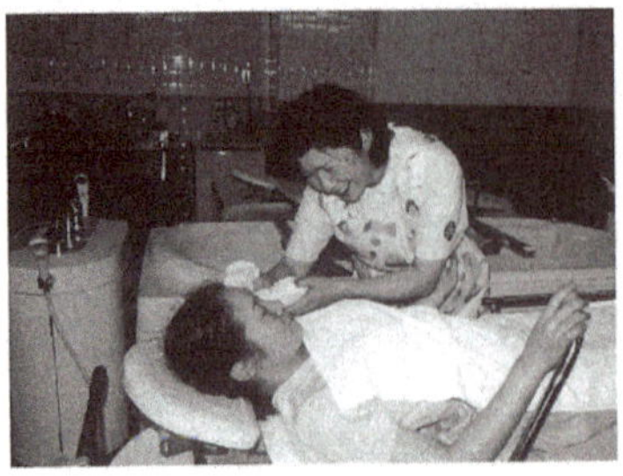

ポイント＆実践例：ケースアドボケイト実践（よりよいサービスにして利用者の権利を守ること）

☆シャンプー時に顔にかかったお湯を拭く
☆アクションの前に言葉かけをする

①「○○さん，お顔にお湯がかかりませんでしたか？」
②「すみませんでしたね．拭かせていただきます」
③「○○さん，髪を拭かせていただきます．拭き具合は，これくらいでよろしいですか？」

サービス提供行為		虐待の種別	評価基準（虐待レベル）					参照ページ
顔にかかった湯を拭く		身体的虐待						
		心理・情緒的虐待						
	○	ネグレクト（放任）	0	1	2	3		P.18～19 表9－①②
髪を拭く		身体的虐待						
		心理・情緒的虐待						
	○	ネグレクト（放任）	0	1	2	3		P.18～19 表9－①②
アクション前の言葉かけ		身体的虐待						
		心理・情緒的虐待						
	○	ネグレクト（放任）	0	1	2	3		P.21 表10－①②
言葉かけ		身体的虐待						
		心理・情緒的虐待						
	○	ネグレクト（放任）	0	1	2	3		P.21 表10－①②
パワーコントロール	○	身体的虐待	0	1	2	3	4	P.7 表3
		心理・情緒的虐待						
		ネグレクト（放任）						
言葉づかい		身体的虐待						
	○	心理・情緒的虐待	0	1	2			P.10～11 表4－①②
		ネグレクト（放任）						
表情（笑顔）		身体的虐待						
	○	心理・情緒的虐待	0	1	2	3	4	P.14 表7
		ネグレクト（放任）						
態　度		身体的虐待						
	○	心理・情緒的虐待	0	1	2	3		P.16 表8
		ネグレクト（放任）						

⑭ シャンプー後の耳を拭く場面

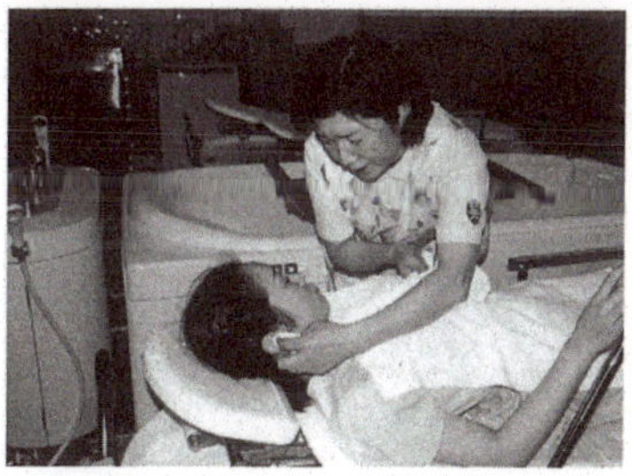

ポイント＆実践例：ケースアドボケイト実践（よりよいサービスにして利用者の権利を守ること）

☆シャンプー後は，耳の中も必ず拭くようにする
☆拭く時に痛くならないよう力加減（パワーコントロール）に注意する
☆アクションの前に必ず言葉かけをする

①「耳の中にお湯が入りませんでしたか？」
②「耳の中が濡れていると気持ちわるいものですよね」
③「しっかり拭かせていただきますね」

サービス提供行為		虐待の種別	評価基準（虐待レベル）					参照ページ
耳の中を拭く		身体的虐待						
		心理・情緒的虐待						
	○	ネグレクト（放任）	0	1	2	3		P.18～19 表9－①②
アクション前の言葉かけ		身体的虐待						
		心理・情緒的虐待						
	○	ネグレクト（放任）	0	1	2	3		P.21 表10－①②
言葉かけ		身体的虐待						
		心理・情緒的虐待						
	○	ネグレクト（放任）	0	1	2	3		P.21 表10－①②
パワーコントロール	○	身体的虐待	0	1	2	3	4	P.7 表3
		心理・情緒的虐待						
		ネグレクト（放任）						
言葉づかい		身体的虐待						
	○	心理・情緒的虐待	0	1	2			P.10～11 表4－①②
		ネグレクト（放任）						
表情（笑顔）		身体的虐待						
	○	心理・情緒的虐待	0	1	2	3	4	P.14 表7
		ネグレクト（放任）						
態　度		身体的虐待						
	○	心理・情緒的虐待	0	1	2	3		P.16 表8
		ネグレクト（放任）						

⑮ 仰臥位で身体を洗う場面

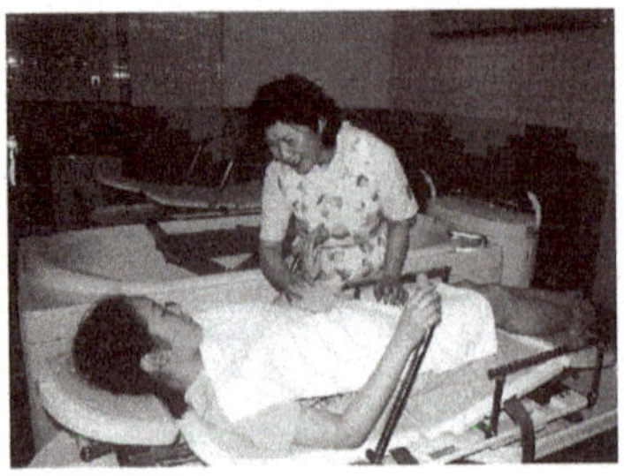

ポイント＆実践例：ケースアドボケイト実践（よりよいサービスにして利用者の権利を守ること）

☆身体を洗うときは，皮膚の状態を確認し，こすりすぎないように力加減（パワーコントロール）を調節する

☆顔など利用者が自分で洗える部位について希望や意欲を引き出すことができる場合には，残存機能を生かすうえですすめてみる

☆アクション前に言葉かけをする

①「○○さん，洗う強さは，これくらいでよろしいでしょうか？」

②「かゆいところや痛いところはありませんか？　あったら遠慮なく言ってくださいね」

③「○○さん，リハビリにもなりますので，お顔は自分できれいになさいますか？」

サービス提供行為		虐待の種別	評価基準（虐待レベル）					参照ページ
皮膚の状態を確認し，洗い残しがないようにする		身体的虐待						
		心理・情緒的虐待						
	○	ネグレクト（放任）	0	1	2	3		P.18～19 表9－①②
残存機能を生かした援助		身体的虐待						
		心理・情緒的虐待						
	○	ネグレクト（放任）	0	1	2	3		P.18～19 表9－①②
アクション前の言葉かけ		身体的虐待						
		心理・情緒的虐待						
	○	ネグレクト（放任）	0	1	2	3		P.21 表10－①②
言葉かけ		身体的虐待						
		心理・情緒的虐待						
	○	ネグレクト（放任）	0	1	2	3		P.21 表10－①②
パワーコントロール	○	身体的虐待	0	1	2	3	4	P.7 表3
		心理・情緒的虐待						
		ネグレクト（放任）						
言葉づかい		身体的虐待						
	○	心理・情緒的虐待	0	1	2			P.10～11 表4－①②
		ネグレクト（放任）						
表情（笑顔）		身体的虐待						
	○	心理・情緒的虐待	0	1	2	3	4	P.14 表7
		ネグレクト（放任）						
態　度		身体的虐待						
	○	心理・情緒的虐待	0	1	2	3		P.16 表8
		ネグレクト（放任）						

⑯ 右側臥位で身体を洗う場面

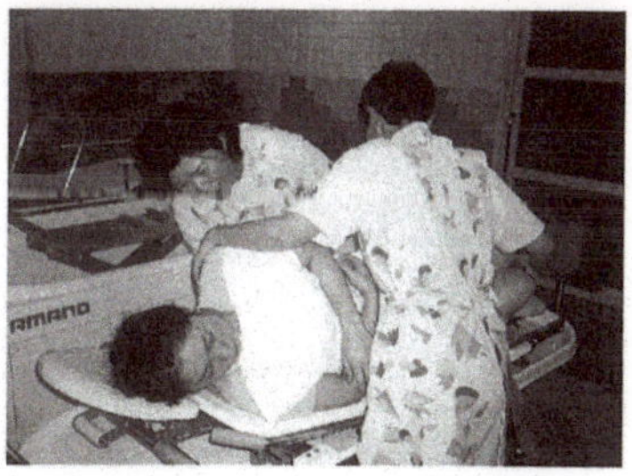

ポイント＆実践例：ケースアドボケイト実践（よりよいサービスにして利用者の権利を守ること）

☆右側臥位に背中を起こすとき，力を入れすぎないよう，力加減（パワーコントロール）に注意し，言葉かけをしながら，徐々に起こしていく
☆背中を洗うときは，皮膚の状態を確認する．また，こすりすぎないよう力加減（パワーコントロール）に注意し，洗い残しがないようにする

①「○○さん，左の背中を洗わせていただきますので，少しずつ背中を起こさせていただきますね」「ゆっくり上げていきますので，痛かったら言ってくださいね」
②「○○さん，洗う強さはこれくらいでいいでしょうか？」「かゆいところや痛いところがあったら言ってくださいね」

サービス提供行為		虐待の種別	評価基準（虐待レベル）					参照ページ
皮膚の状態を確認し，洗い残しがないようにする		身体的虐待						
		心理・情緒的虐待						
	○	ネグレクト（放任）	0	1	2	3		P.18～19 表 9－①②
アクション前の言葉かけ		身体的虐待						
		心理・情緒的虐待						
	○	ネグレクト（放任）	0	1	2	3		P.21 表10－①②
言葉かけ		身体的虐待						
		心理・情緒的虐待						
	○	ネグレクト（放任）	0	1	2	3		P.21 表10－①②
パワーコントロール	○	身体的虐待	0	1	2	3	4	P.7 表 3
		心理・情緒的虐待						
		ネグレクト（放任）						
言葉づかい		身体的虐待						
	○	心理・情緒的虐待	0	1	2			P.10～11 表 4－①②
		ネグレクト（放任）						
表情（笑顔）		身体的虐待						
	○	心理・情緒的虐待	0	1	2	3	4	P.14 表 7
		ネグレクト（放任）						
態　度		身体的虐待						
	○	心理・情緒的虐待	0	1	2	3		P.16 表 8
		ネグレクト（放任）						

⑰ 左側臥位で身体を洗う場面

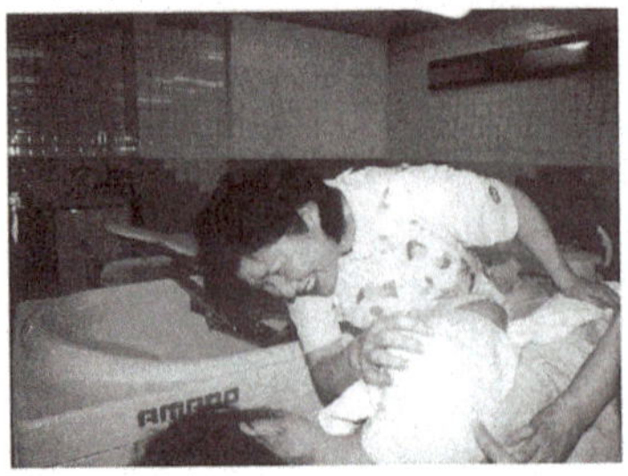

ポイント＆実践例：ケースアドボケイト実践（よりよいサービスにして利用者の権利を守ること）

☆左側臥位に背中を起こすとき，力を入れすぎないよう力加減（パワーコントロール）に注意し，言葉かけをしながら，徐々に起こしていく

①「○○さん，今度は反対の右の背中を洗わせていただきます．同じようにゆっくり上げていきますので，痛かったら言ってくださいね」
②「気分はわるくありませんか？」「お背中さっぱりしましたか？」

サービス提供行為		虐待の種別	評価基準（虐待レベル）					参照ページ
皮膚の状態を確認し，洗い残しがないようにする		身体的虐待						
		心理・情緒的虐待						
	○	ネグレクト（放任）	0	1	2	3		P.18〜19 表9−①②
アクション前の言葉かけ		身体的虐待						
		心理・情緒的虐待						
	○	ネグレクト（放任）	0	1	2	3		P.21 表10−①②
言葉かけ		身体的虐待						
		心理・情緒的虐待						
	○	ネグレクト（放任）	0	1	2	3		P.21 表10−①②
パワーコントロール	○	身体的虐待	0	1	2	3	4	P.7 表3
		心理・情緒的虐待						
		ネグレクト（放任）						
言葉づかい		身体的虐待						
	○	心理・情緒的虐待	0	1	2			P.10〜11 表4−①②
		ネグレクト（放任）						
表情（笑顔）		身体的虐待						
	○	心理・情緒的虐待	0	1	2	3	4	P.14 表7
		ネグレクト（放任）						
態　度		身体的虐待						
	○	心理・情緒的虐待	0	1	2	3		P.16 表8
		ネグレクト（放任）						

⑱ 陰部を洗う場面

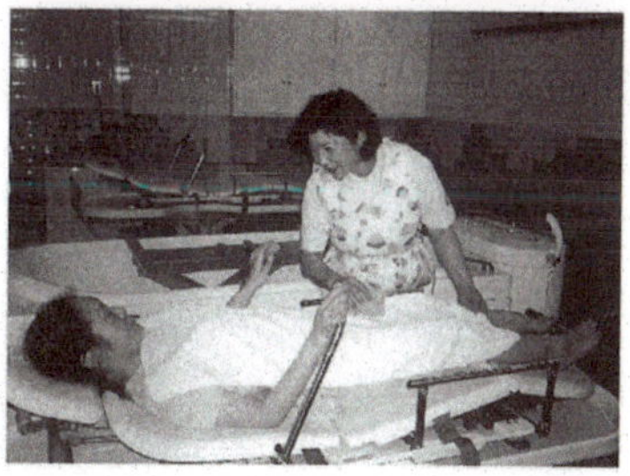

ポイント＆実践例：ケースアドボケイト実践（よりよいサービスにして利用者の権利を守ること）

☆利用者が自分で洗える場合は，自分で洗うことをすすめてみる
☆陰部を洗う前に必ず言葉かけをする
☆デリケートな部位なので，気をつけて洗う

①「○○さん，おまたのほうも洗わせていただきます．注意して洗いますが，もし痛かったら言ってくださいね」
②「○○さん，ご自分で洗われますか？」

サービス提供行為		虐待の種別	評価基準（虐待レベル）					参照ページ
利用者が自分で洗えるようならすすめてみる		身体的虐待						
		心理・情緒的虐待						
	○	ネグレクト（放任）	0	1	2	3		P.18～19 表9－①②
アクション前の言葉かけ		身体的虐待						
		心理・情緒的虐待						
	○	ネグレクト（放任）	0	1	2	3		P.21 表10－①②
言葉かけ		身体的虐待						
		心理・情緒的虐待						
	○	ネグレクト（放任）	0	1	2	3		P.21 表10－①②
パワーコントロール	○	身体的虐待	0	1	2	3	4	P.7 表3
		心理・情緒的虐待						
		ネグレクト（放任）						
言葉づかい		身体的虐待						
	○	心理・情緒的虐待	0	1	2			P.10～11 表4－①②
		ネグレクト（放任）						
表情（笑顔）		身体的虐待						
	○	心理・情緒的虐待	0	1	2	3	4	P.14 表7
		ネグレクト（放任）						
態　度		身体的虐待						
	○	心理・情緒的虐待	0	1	2	3		P.16 表8
		ネグレクト（放任）						

⑲ 石鹸を洗い流す場面

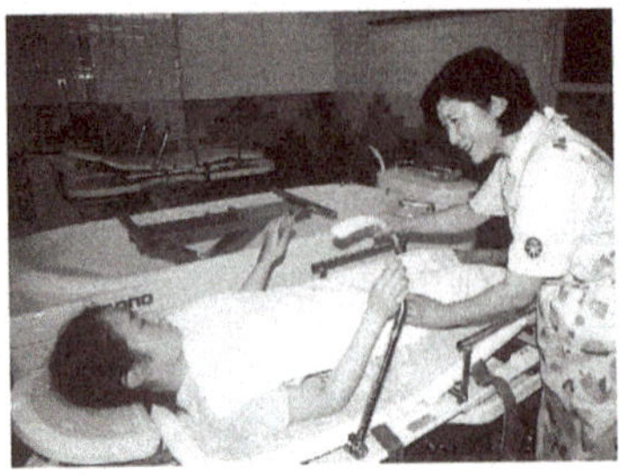

ポイント＆実践例：ケースアドボケイト実践（よりよいサービスにして利用者の権利を守ること）

☆仰臥位の状態で，石鹸を洗い流す場合は，まず言葉かけをし，顔にお湯がかからないように注意する

☆アクション前の言葉かけをする

①「○○さん，これからお風呂に入りますので，泡を全部流しますね．お顔にお湯がかからないように注意しますからね」

サービス提供行為		虐待の種別	評価基準（虐待レベル）					参照ページ
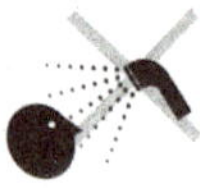 顔に湯をかけないようにする		身体的虐待						
		心理・情緒的虐待						
	○	ネグレクト（放任）	0	1	2	3		P.18～19 表 9－①②
 アクション前の言葉かけ		身体的虐待						
		心理・情緒的虐待						
	○	ネグレクト（放任）	0	1	2	3		P.21 表10－①②
 言葉かけ		身体的虐待						
		心理・情緒的虐待						
	○	ネグレクト（放任）	0	1	2	3		P.21 表10－①②
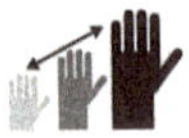 パワーコントロール	○	身体的虐待	0	1	2	3	4	P. 7 表 3
		心理・情緒的虐待						
		ネグレクト（放任）						
 言葉づかい		身体的虐待						
	○	心理・情緒的虐待	0	1	2			P.10～11 表 4－①②
		ネグレクト（放任）						
 表情（笑顔）		身体的虐待						
	○	心理・情緒的虐待	0	1	2	3	4	P.14 表 7
		ネグレクト（放任）						
 態　度		身体的虐待						
	○	心理・情緒的虐待	0	1	2	3		P.16 表 8
		ネグレクト（放任）						

⑳ 安全ベルトを装着する場面

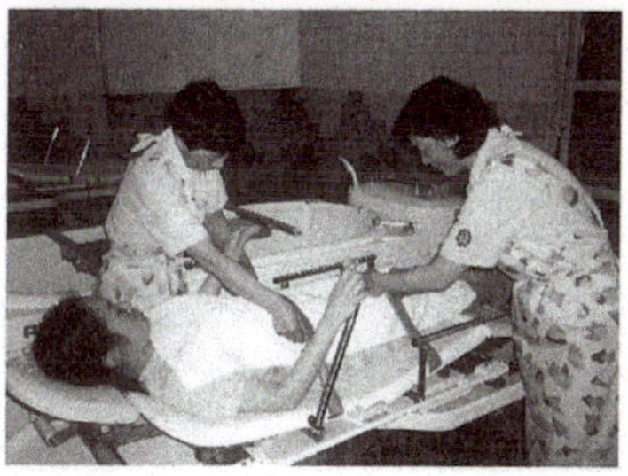

ポイント＆実践例：ケースアドボケイト実践（よりよいサービスにして利用者の権利を守ること）

☆安全ベルトを装着する時は，必ず言葉かけをする
☆乱暴にベルトを締めないよう注意する
　※法的には身体的拘束禁止となるが，ここでは必要やむをえない場合と解釈する
☆アクション前に言葉かけをする

①「〇〇さん，これから湯舟のほうへ移りますので，安全ベルトをさせてくださいね」
②「きつくありませんか？」

サービス提供行為	虐待の種別		評価基準（虐待レベル）					参照ページ
安全ベルトの装着		身体的虐待						
		心理・情緒的虐待						
	○	ネグレクト（放任）	0	1	2	3		P.18〜19 表 9 −①②
アクション前の言葉かけ		身体的虐待						
		心理・情緒的虐待						
	○	ネグレクト（放任）	0	1	2	3		P.21 表10−①②
パワーコントロール	○	身体的虐待	0	1	2	3	4	P. 7 表 3
		心理・情緒的虐待						
		ネグレクト（放任）						
言葉かけ		身体的虐待						
		心理・情緒的虐待						
	○	ネグレクト（放任）	0	1	2	3		P.21 表10−①②
言葉づかい		身体的虐待						
	○	心理・情緒的虐待	0	1	2			P.10〜11 表 4 −①②
		ネグレクト（放任）						
表情（笑顔）		身体的虐待						
	○	心理・情緒的虐待	0	1	2	3	4	P.14 表 7
		ネグレクト（放任）						
態　度		身体的虐待						
	○	心理・情緒的虐待	0	1	2	3		P.16 表 8
		ネグレクト（放任）						

21 入浴用ストレッチャーの高さを調節する場面

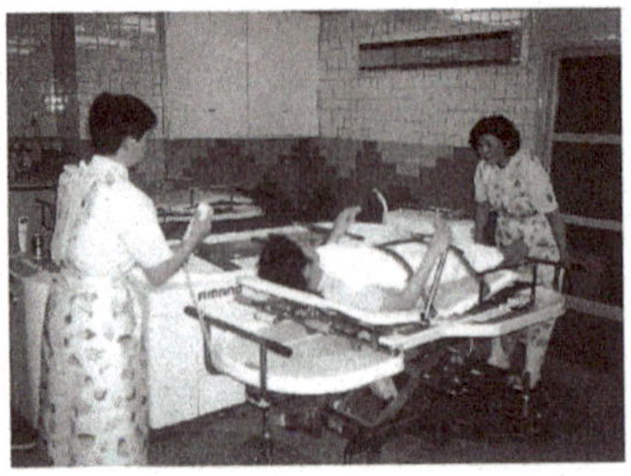

ポイント＆実践例：ケースアドボケイト実践（よりよいサービスにして利用者の権利を守ること）

☆入浴用ストレッチャーの高さ調節をする（上げる）時は，必ずアクションの前（スイッチを押す前）に言葉かけをする

①「○○さん，湯舟と同じ高さまで上げます．よろしいでしょうか？」
②「では，上げます」「ゆっくりですから，安心してくださいね」

サービス提供行為		虐待の種別	評価基準（虐待レベル）					参照ページ
アクション前の言葉かけ		身体的虐待						
		心理・情緒的虐待						
	○	ネグレクト（放任）	0	1	2	3		P.21 表10−①②
言葉かけ		身体的虐待						
		心理・情緒的虐待						
	○	ネグレクト（放任）	0	1	2	3		P.21 表10−①②
言葉づかい		身体的虐待						
	○	心理・情緒的虐待	0	1	2			P.10〜11 表４−①②
		ネグレクト（放任）						
表情（笑顔）		身体的虐待						
	○	心理・情緒的虐待	0	1	2	3	4	P.14 表７
		ネグレクト（放任）						
態　度		身体的虐待						
	○	心理・情緒的虐待	0	1	2	3		P.16 表８
		ネグレクト（放任）						

MEMO

22 機械浴槽への平行移動場面

ポイント＆実践例：ケースアドボケイト実践（よりよいサービスにして利用者の権利を守ること）

☆機械浴槽へ平行移動する際，必ずアクションの前に言葉かけを行う
☆利用者に少しでも振動がないように注意する

①「○○さん，湯舟に移りますね．ゆっくり横へ移動していきますので，安心してくださいね」
②「それでは，よろしいですか」

サービス提供行為	虐待の種別		評価基準（虐待レベル）					参照ページ
 アクション前の言葉かけ		身体的虐待						
		心理・情緒的虐待						
	○	ネグレクト（放任）	0	1	2	3		P.21 表10-①②
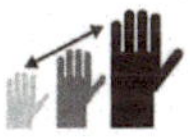 パワーコントロール	○	身体的虐待	0	1	2	3	4	P. 7 表 3
		心理・情緒的虐待						
		ネグレクト（放任）						
 言葉かけ		身体的虐待						
		心理・情緒的虐待						
	○	ネグレクト（放任）	0	1	2	3		P.21 表10-①②
 言葉づかい		身体的虐待						
	○	心理・情緒的虐待	0	1	2			P.10～11 表 4 -①②
		ネグレクト（放任）						
 表情（笑顔）		身体的虐待						
	○	心理・情緒的虐待	0	1	2	3	4	P.14 表 7
		ネグレクト（放任）						
 態　度		身体的虐待						
	○	心理・情緒的虐待	0	1	2	3		P.16 表 8
		ネグレクト（放任）						

MEMO

㉓ 浴槽に入るための高さ調節場面

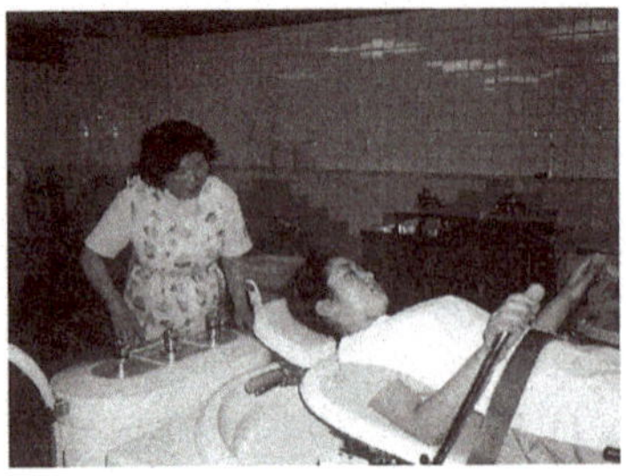

ポイント＆実践例：ケースアドボケイト実践（よりよいサービスにして利用者の権利を守ること）

☆介助者が湯温の確認をする

☆入浴用ストレッチャーを浴槽の中に沈めるときは，必ずアクションの前（スイッチを押す前）に言葉かけをする．

①「〇〇さん，これからゆっくり下げて湯舟の中に入っていきます．よろしいですか？」

②「お湯加減もちょうどよいと思いますので，安心してください」「では，入りましょう」

サービス提供行為		虐待の種別	評価基準（虐待レベル）					参照ページ
介助者が浴槽湯温の確認をする		身体的虐待						
		心理・情緒的虐待						
	○	ネグレクト（放任）	0	1	2	3		P.18〜19 表9－①②
アクション前の言葉かけ		身体的虐待						
		心理・情緒的虐待						
	○	ネグレクト（放任）	0	1	2	3		P.21 表10－①②
言葉かけ		身体的虐待						
		心理・情緒的虐待						
	○	ネグレクト（放任）	0	1	2	3		P.21 表10－①②
言葉づかい		身体的虐待						
	○	心理・情緒的虐待	0	1	2			P.10〜11 表4－①②
		ネグレクト（放任）						
表情（笑顔）		身体的虐待						
	○	心理・情緒的虐待	0	1	2	3	4	P.14 表7
		ネグレクト（放任）						
態　度		身体的虐待						
	○	心理・情緒的虐待	0	1	2	3		P.16 表8
		ネグレクト（放任）						

MEMO

㉔ 湯加減を確認する場面

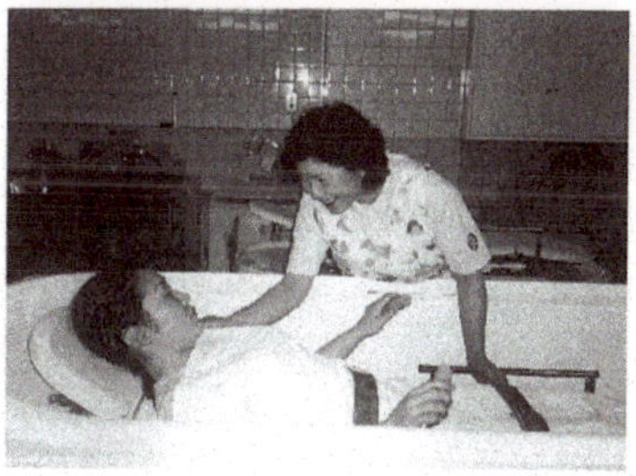

ポイント＆実践例：ケースアドボケイト実践（よりよいサービスにして利用者の権利を守ること）

☆利用者に湯加減（湯温）の確認をする

①「○○さん，お湯加減はいかがですか？」「ぬるくありませんか？」
②「○○さん，気泡は出しますか？　気持ちがよいですよ」

サービス提供行為	虐待の種別		評価基準（虐待レベル）					参照ページ
利用者による湯加減の確認		身体的虐待						
		心理・情緒的虐待						
	○	ネグレクト（放任）	0	1	2	3		P.21 表９−①②
言葉かけ		身体的虐待						
		心理・情緒的虐待						
	○	ネグレクト（放任）	0	1	2	3		P.21 表10−①②
言葉づかい		身体的虐待						
	○	心理・情緒的虐待	0	1	2			P.10〜11 表４−①②
		ネグレクト（放任）						
表情（笑顔）		身体的虐待						
	○	心理・情緒的虐待	0	1	2	3	4	P.14 表７
		ネグレクト（放任）						
態　度		身体的虐待						
	○	心理・情緒的虐待	0	1	2	3		P.16 表８
		ネグレクト（放任）						

MEMO

㉕ 浴槽内でのマッサージ場面

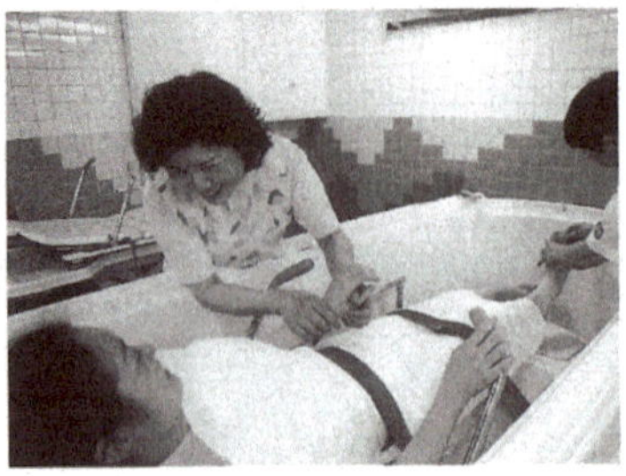

ポイント＆実践例：ケースアドボケイト実践（よりよいサービスにして利用者の権利を守ること）

☆必要に応じ，浴槽内でマッサージを行う
☆アクションの前に必ず言葉かけをする

①「○○さん，リハビリをかねたマッサージをしましょう」
②「○○さん，手を少し開いてみますね．痛くないように少しずつやさしくやってみますね」
③「痛かったら，言ってくださいね」

サービス提供行為	虐待の種別		評価基準（虐待レベル）					参照ページ
マッサージ		身体的虐待						
		心理・情緒的虐待						
	○	ネグレクト（放任）	0	1	2	3		P.18〜19 表 9－①②
パワーコントロール	○	身体的虐待	0	1	2	3	4	P. 7 表 3
		心理・情緒的虐待						
		ネグレクト（放任）						
アクション前の言葉かけ		身体的虐待						
		心理・情緒的虐待						
	○	ネグレクト（放任）	0	1	2	3		P.21 表10－①②
言葉かけ		身体的虐待						
		心理・情緒的虐待						
	○	ネグレクト（放任）	0	1	2	3		P.21 表10－①②
言葉づかい		身体的虐待						
	○	心理・情緒的虐待	0	1	2			P.10〜11 表 4－①②
		ネグレクト（放任）						
表情（笑顔）		身体的虐待						
	○	心理・情緒的虐待	0	1	2	3	4	P.14 表 7
		ネグレクト（放任）						
態　度		身体的虐待						
	○	心理・情緒的虐待	0	1	2	3		P.16 表 8
		ネグレクト（放任）						

26 湯温・入浴時間の確認と浴槽から出るための高さ調節場面

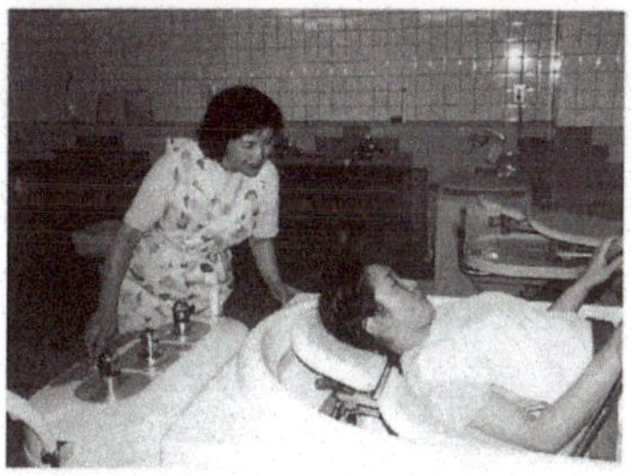

ポイント＆実践例：ケースアドボケイト実践（よりよいサービスにして利用者の権利を守ること）

☆湯温の確認と入浴時間に気を配る
☆浴槽から入浴用ストレッチャーを上げるときは，必ずアクションの前（スイッチを押す前）に言葉かけをする

①「○○さん，お湯の中は気持ちよいですね．安心してゆっくり入ってくださいね」
②「ご気分はいかがでしょうか？　のぼせてもいけないので，そろそろ上がりますか？」
③「大丈夫のようでしたら，もう少しゆっくり入っていましょうか？」
④「よいお湯でしたね．そろそろあがりましょうか？」
⑤「よいお湯でしたね．それでは，ゆっくり身体を上げていきますからね」

サービス提供行為		虐待の種別	評価基準（虐待レベル）					参照ページ
湯温の確認及び入浴時間の確認		身体的虐待						
		心理・情緒的虐待						
	○	ネグレクト（放任）	0	1	2	3		P.18～19 表9－①②
アクション前の言葉かけ		身体的虐待						
		心理・情緒的虐待						
	○	ネグレクト（放任）	0	1	2	3		P.21 表10－①②
言葉かけ		身体的虐待						
		心理・情緒的虐待						
	○	ネグレクト（放任）	0	1	2	3		P.21 表10－①②
言葉づかい		身体的虐待						
	○	心理・情緒的虐待	0	1	2			P.10～11 表4－①②
		ネグレクト（放任）						
表情（笑顔）		身体的虐待						
	○	心理・情緒的虐待	0	1	2	3	4	P.14 表7
		ネグレクト（放任）						
態　度		身体的虐待						
	○	心理・情緒的虐待	0	1	2	3		P.16 表8
		ネグレクト（放任）						

27 入浴用ストレッチャーへの平行移動場面

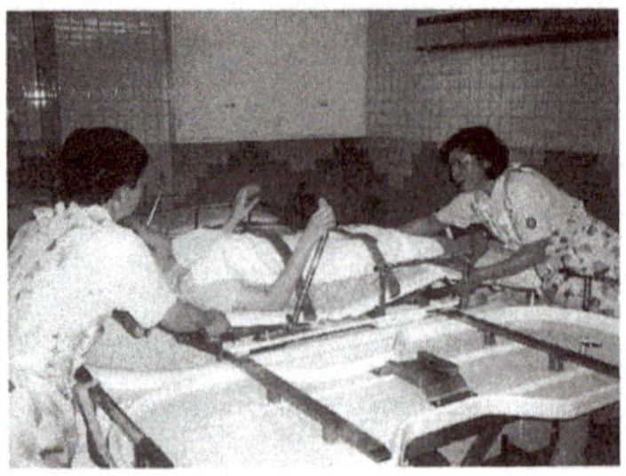

ポイント＆実践例：ケースアドボケイト実践（よりよいサービスにして利用者の権利を守ること）

☆元の位置に戻すために入浴用ストレッチャーを平行移動する時は，必ず言葉かけをする

☆利用者に少しでも振動がないように注意する

①「○○さん，元の場所に戻りますね．ゆっくり横へ移動していきますので，安心してください」

②「それでは，よろしいですか」

サービス提供行為		虐待の種別	評価基準（虐待レベル）					参照ページ
アクション前の言葉かけ		身体的虐待						
		心理・情緒的虐待						
	○	ネグレクト（放任）	0	1	2	3		P.21 表10−①②
パワーコントロール	○	身体的虐待	0	1	2	3	4	P.7 表3
		心理・情緒的虐待						
		ネグレクト（放任）						
言葉かけ		身体的虐待						
		心理・情緒的虐待						
	○	ネグレクト（放任）	0	1	2	3		P.21 表10−①②
言葉づかい		身体的虐待						
	○	心理・情緒的虐待	0	1	2			P.10〜11 表4−①②
		ネグレクト（放任）						
表情（笑顔）		身体的虐待						
	○	心理・情緒的虐待	0	1	2	3	4	P.14 表7
		ネグレクト（放任）						
態　度		身体的虐待						
	○	心理・情緒的虐待	0	1	2	3		P.16 表8
		ネグレクト（放任）						

MEMO

㉘ 入浴用ストレッチャーを下げるための調節場面

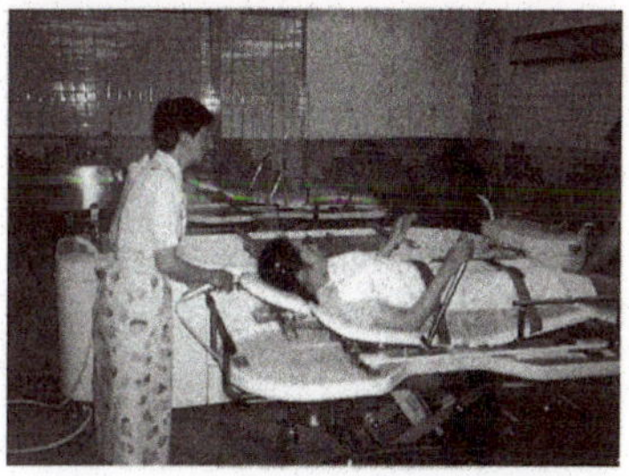

ポイント＆実践例：ケースアドボケイト実践（よりよいサービスにして利用者の権利を守ること）

☆入浴用ストレッチャーの高さ調節をする（下げる）時は，必ずアクションの前（スイッチを押す前）に言葉かけをする

①「○○さん，ストレッチャーを元の位置まで下げさせていただきます．ゆっくり下げますから安心してくださいね」

サービス提供行為		虐待の種別	評価基準（虐待レベル）					参照ページ
アクション前の言葉かけ		身体的虐待						
		心理・情緒的虐待						
	○	ネグレクト（放任）	0	1	2	3		P.21 表10−①②
言葉かけ		身体的虐待						
		心理・情緒的虐待						
	○	ネグレクト（放任）	0	1	2	3		P.21 表10−①②
言葉づかい		身体的虐待						
	○	心理・情緒的虐待	0	1	2			P.10〜11 表4−①②
		ネグレクト（放任）						
表情（笑顔）		身体的虐待						
	○	心理・情緒的虐待	0	1	2	3	4	P.14 表7
		ネグレクト（放任）						
態　度		身体的虐待						
	○	心理・情緒的虐待	0	1	2	3		P.16 表8
		ネグレクト（放任）						

MEMO

㉙ 身体を拭く場面

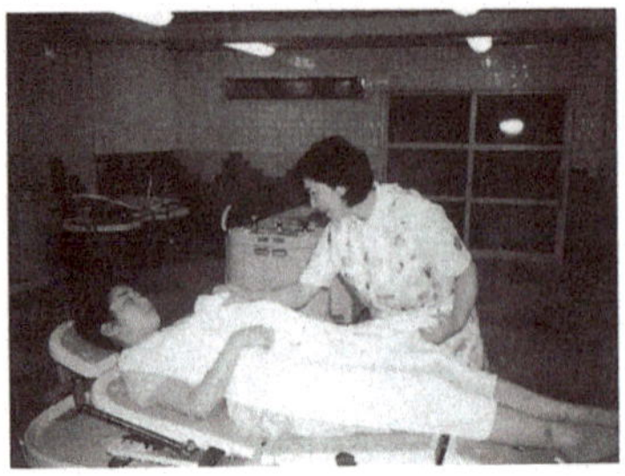

ポイント＆実践例：ケースアドボケイト実践（よりよいサービスにして利用者の権利を守ること）

☆皮膚の状態を観察しながらていねいに身体・顔・髪を拭く
☆力加減（パワーコントロール）に注意する
☆アクションの前に言葉かけをする

①「○○さん，お疲れさまでした．お身体を拭かせていただきますね」
②「どこか痛いところやかゆいところがあったら，言ってくださいね」

サービス提供行為		虐待の種別	評価基準（虐待レベル）					参照ページ
皮膚の状態観察および全身をていねいに拭く		身体的虐待						
		心理・情緒的虐待						
	○	ネグレクト（放任）	0	1	2	3		P.18～19 表9－①②
アクション前の言葉かけ		身体的虐待						
		心理・情緒的虐待						
	○	ネグレクト（放任）	0	1	2	3		P.21 表10－①②
言葉かけ		身体的虐待						
		心理・情緒的虐待						
	○	ネグレクト（放任）	0	1	2	3		P.21 表10－①②
パワーコントロール	○	身体的虐待	0	1	2	3	4	P.7 表3
		心理・情緒的虐待						
		ネグレクト（放任）						
言葉づかい		身体的虐待						
	○	心理・情緒的虐待	0	1	2			P.10～11 表4－①②
		ネグレクト（放任）						
表情（笑顔）		身体的虐待						
	○	心理・情緒的虐待	0	1	2	3	4	P.14 表7
		ネグレクト（放任）						
態　度		身体的虐待						
	○	心理・情緒的虐待	0	1	2	3		P.16 表8
		ネグレクト（放任）						

30 入浴終了のあいさつ場面

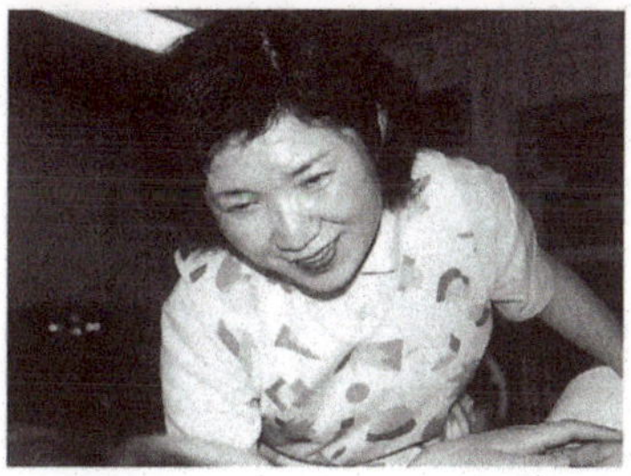

ポイント＆実践例：ケースアドボケイト実践（よりよいサービスにして利用者の権利を守ること）

☆入浴が終了したことを伝え担当者としてのあいさつをする．また，その後の予定などについて説明する

①「○○さん，お風呂どうでしたか？　さっぱりしましたか？」
②「また，私がお風呂のお手伝いをさせていただきますね」
③「湯冷めをしないうちに，お着替えのお手伝いをさせていただきます．その後で，髪の毛をドライヤーで乾かすようにいたしますからね」
④「○○さん，のどが渇きましたでしょう．何かお好きな飲み物をお持ちいたしますね」

サービス提供行為	虐待の種別		評価基準（虐待レベル）					参照ページ
入浴終了のあいさつと予定の説明		身体的虐待						
		心理・情緒的虐待						
	○	ネグレクト（放任）	0	1	2	3		P.21 表10−①②
言葉かけ		身体的虐待						
		心理・情緒的虐待						
	○	ネグレクト（放任）	0	1	2	3		P.21 表10−①②
言葉づかい		身体的虐待						
	○	心理・情緒的虐待	0	1	2			P.10〜11 表４−①②
		ネグレクト（放任）						
表情（笑顔）		身体的虐待						
	○	心理・情緒的虐待	0	1	2	3	4	P.14 表７
		ネグレクト（放任）						
態　度		身体的虐待						
	○	心理・情緒的虐待	0	1	2	3		P.16 表８
		ネグレクト（放任）						

MEMO

介護展開手順における虐待防止のケースアドボケイト実践

排泄介助時

1 ケアプラン・排泄記録などの確認と入室時のあいさつ場面

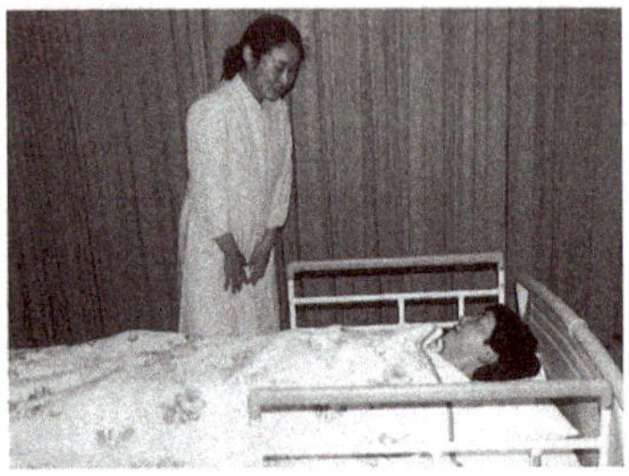

ポイント＆実践例：ケースアドボケイト実践（よりよいサービスにして利用者の権利を守ること）

☆おむつ交換をする前にケアプラン・介護日誌・排泄記録などを確認する
☆入室時のあいさつをする

①「○○さん，失礼します」
②「○○さん，失礼してもよろしいですか？」

サービス提供行為		虐待の種別	評価基準（虐待レベル）					参照ページ
ケアプラン，介護日誌，食事摂取表等の確認		身体的虐待						
		心理・情緒的虐待						
	○	ネグレクト（放任）	0	1	2	3		P.18～19 表9－①※,②
入室時のあいさつ		身体的虐待						
		心理・情緒的虐待						
	○	ネグレクト（放任）	0	1	2	3		P.21 表10－①②
言葉づかい		身体的虐待						
	○	心理・情緒的虐待	0	1	2			P.10～11 表4－①②
		ネグレクト（放任）						
表情（笑顔）		身体的虐待						
	○	心理・情緒的虐待	0	1	2	3	4	P.14 表7
		ネグレクト（放任）						
態　度		身体的虐待						
	○	心理・情緒的虐待	0	1	2	3		P.16 表8
		ネグレクト（放任）						

※この「排泄介助時」実践例は，寝たきりの要介護者を想定しています．

MEMO

② おむつ交換開始の承諾場面

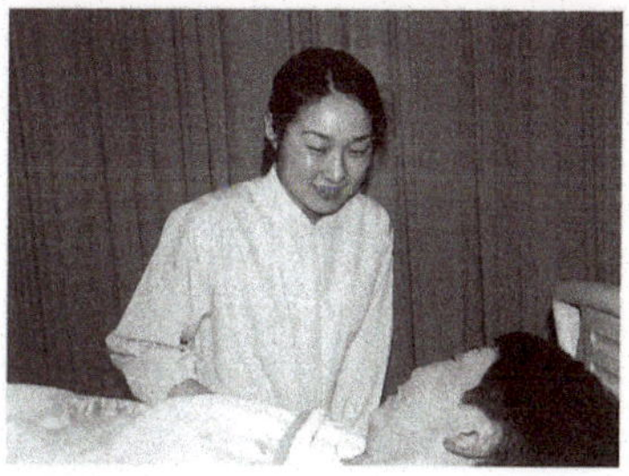

ポイント＆実践例：ケースアドボケイト実践（よりよいサービスにして利用者の権利を守ること）

☆おむつ交換をすることを利用者に伝え，その承諾を得る（意思表示ができない利用者にも言葉かけをする）
☆4人部屋の場合は必ずカーテンなどを閉める
☆換気をする

①「〇〇さん，おはようございます．職員の▲▲です．今日は顔色がとてもよいですね．お通じのほうはいかがですか？ おむつの交換をさせていただいてもよろしいでしょうか？」
②「〇〇さん，おむつ交換をさせていただきますね」
（意思表示ができない利用者）
③「〇〇さん，カーテンを閉めさせていただきます」

サービス提供行為		虐待の種別	評価基準（虐待レベル）					参照ページ
 おむつ交換開始の了解を得る		身体的虐待						
		心理・情緒的虐待						
	〇	ネグレクト（放任）	0	1	2	3		P.21 表10−①②
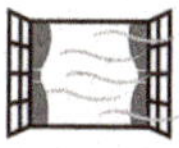 カーテンおよび換気を適切にする		身体的虐待						
		心理・情緒的虐待						
	〇	ネグレクト（放任）	0	1	2	3		P.18〜19 表９−①※,②
 言葉かけ		身体的虐待						
		心理・情緒的虐待						
	〇	ネグレクト（放任）	0	1	2	3		P.21 表10−①②
 言葉づかい		身体的虐待						
	〇	心理・情緒的虐待	0	1	2			P.10〜11 表４−①②
		ネグレクト（放任）						
 表情（笑顔）		身体的虐待						
	〇	心理・情緒的虐待	0	1	2	3	4	P.14 表７
		ネグレクト（放任）						
 態　度		身体的虐待						
	〇	心理・情緒的虐待	0	1	2	3		P.16 表８
		ネグレクト（放任）						

③ 掛け布団をとる場面

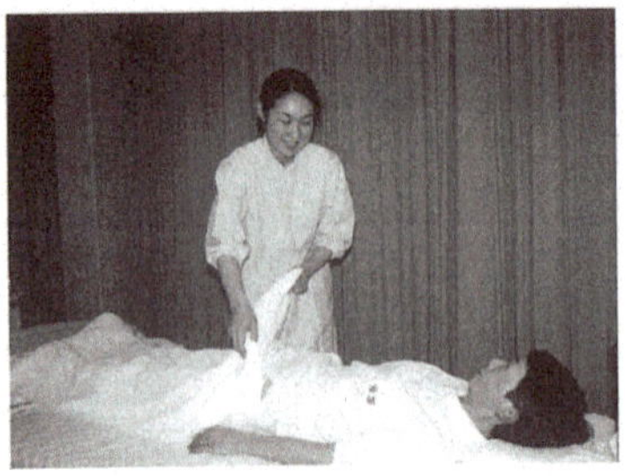

ポイント＆実践例：ケースアドボケイト実践（よりよいサービスにして利用者の権利を守ること）

☆室温の確認をする
☆掛け布団などをとるときは必ず承諾を得る
（意思表示ができない利用者にも言葉かけをする）
☆アクション前の言葉かけをする
☆不必要な身体の露出を避ける（保温）

①「○○さん，お布団をとらせていただいてもよろしいですか？」
②「寒くないように足もとのほうにおかけしておきますね」

サービス提供行為	虐待の種別		評価基準（虐待レベル）					参照ページ
室温を適温に調節する		身体的虐待						
		心理・情緒的虐待						
	○	ネグレクト（放任）	0	1	2	3		P.18～19 表9－①※,②
不必要な身体の露出を避ける（保温）		身体的虐待						
		心理・情緒的虐待						
	○	ネグレクト（放任）	0	1	2	3		P.18～19 表9－①※,②
アクション前の言葉かけ		身体的虐待						
		心理・情緒的虐待						
	○	ネグレクト（放任）	0	1	2	3		P.21 表10－①②
言葉かけ		身体的虐待						
		心理・情緒的虐待						
	○	ネグレクト（放任）	0	1	2	3		P.21 表10－①②
言葉づかい		身体的虐待						
	○	心理・情緒的虐待	0	1	2			P.10～11 表4－①②
		ネグレクト（放任）						
表情（笑顔）		身体的虐待						
	○	心理・情緒的虐待	0	1	2	3	4	P.14 表7
		ネグレクト（放任）						
態　度		身体的虐待						
	○	心理・情緒的虐待	0	1	2	3		P.16 表8
		ネグレクト（放任）						

④ パジャマを下ろす場面

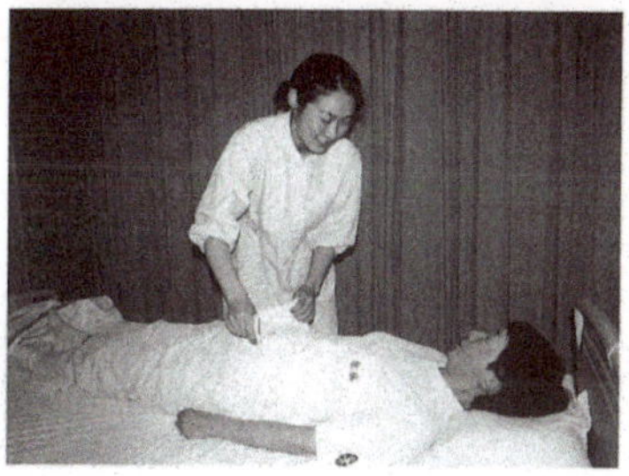

ポイント＆実践例：ケースアドボケイト実践（よりよいサービスにして利用者の権利を守ること）

☆パジャマを下ろす旨を伝え，承諾を得る
☆アクション前の言葉かけをする（意思表示のできない利用者にも言葉かけをする）
☆ひざを曲げたり，足を開くときに力加減に気をつける

①「〇〇さん，パジャマをおひざの下のほうまで下げさせていただきますが，よろしいですか？」
②「〇〇さん，痛みがないようにやさしく下げていきますね」

サービス提供行為	虐待の種別		評価基準（虐待レベル）					参照ページ
パジャマなどを下ろすときの確認（承諾）		身体的虐待						
		心理・情緒的虐待						
	○	ネグレクト（放任）	0	1	2	3		P.21 表10−①②
アクション前の言葉かけ		身体的虐待						
		心理・情緒的虐待						
	○	ネグレクト（放任）	0	1	2	3		P.21 表10−①②
言葉かけ		身体的虐待						
		心理・情緒的虐待						
	○	ネグレクト（放任）	0	1	2	3		P.21 表10−①②
言葉づかい		身体的虐待						
	○	心理・情緒的虐待	0	1	2			P.10〜11 表４−①②
		ネグレクト（放任）						
パワーコントロール	○	身体的虐待	0	1	2	3	4	P.７ 表３
		心理・情緒的虐待						
		ネグレクト（放任）						
表情（笑顔）		身体的虐待						
	○	心理・情緒的虐待	0	1	2	3	4	P.14 表７
		ネグレクト（放任）						
態　度		身体的虐待						
	○	心理・情緒的虐待	0	1	2	3		P.16 表８
		ネグレクト（放任）						

❺ テープをはずし，おむつを開く（はずす）場面

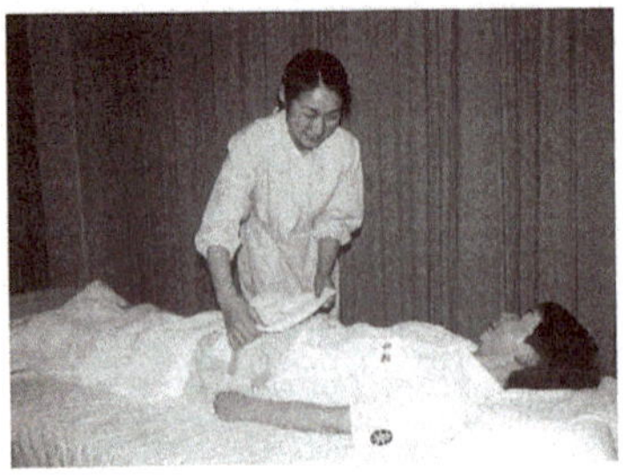

ポイント＆実践例：ケースアドボケイト実践（よりよいサービスにして利用者の権利を守ること）

☆テープをはずし，おむつを開く（はずす）ことの了解を得る（意思表示のできない利用者にも言葉かけをする）
☆アクション前の言葉かけをする
☆利用者が羞恥心をもたないように，配慮した言葉かけをする
☆利用者の足を開くときなど，残存機能を生かせる援助をする
☆テープをはずすとき，乱暴にしない
☆おむつを開く際，痛みがないように気をつける
☆排泄物の臭い（くさい），量（多い）などの禁句に気をつける

①「○○さん，おむつをはずさせていただいてよろしいですか？」
②「○○さん，おなかの調子はいかがでしょうか？」
③「○○さん，リハビリになりますから，できるところまで，足を少しずつ開いてみましょうか？　無理しないでくださいね」
④「あとは，痛くならないように，私のほうでそっとやりますからね．もし痛かったら言ってくださいね」

サービス提供行為		虐待の種別	評価基準（虐待レベル）					参照ページ
残存機能を生かした援助		身体的虐待						
		心理・情緒的虐待						
	○	ネグレクト（放任）	0	1	2	3		P.18～19 表9－①※,②
おむつを開く（はずす）了解を得る		身体的虐待						
		心理・情緒的虐待						
	○	ネグレクト（放任）	0	1	2	3		P.21 表10－①②
アクション前の言葉かけ		身体的虐待						
		心理・情緒的虐待						
	○	ネグレクト（放任）	0	1	2	3		P.21 表10－①②
言葉かけ		身体的虐待						
		心理・情緒的虐待						
	○	ネグレクト（放任）	0	1	2	3		P.21 表10－①②
言葉づかい		身体的虐待						
	○	心理・情緒的虐待	0	1	2			P.10～11 表4－①②
		ネグレクト（放任）						
パワーコントロール	○	身体的虐待	0	1	2	3	4	P.7 表3
		心理・情緒的虐待						
		ネグレクト（放任）						
表情（笑顔）		身体的虐待						
	○	心理・情緒的虐待	0	1	2	3	4	P.14 表7
		ネグレクト（放任）						
態　度		身体的虐待						
	○	心理・情緒的虐待	0	1	2	3		P.16 表8
		ネグレクト（放任）						

⑥ 陰部を微温湯で洗浄する場面

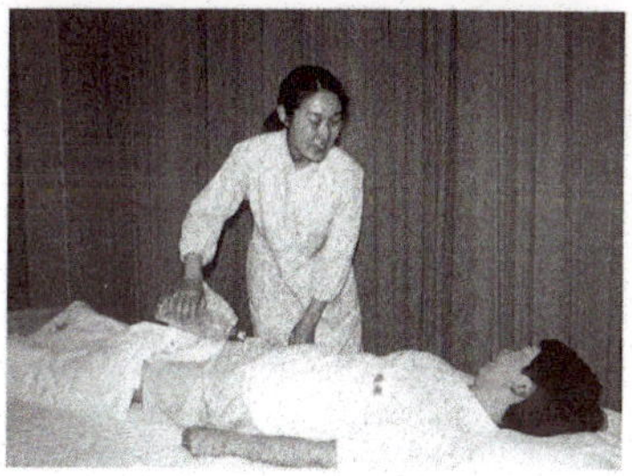

ポイント＆実践例：ケースアドボケイト実践（よりよいサービスにして利用者の権利を守ること）

☆陰部洗浄する旨を利用者に説明し，了解を得る
☆微温湯の温度を利用者にも確認してもらう
☆介護者が利用者の陰部に触れる場合，羞恥心を和らげるために薄手のビニール手袋を使用する
☆利用者の羞恥心を和らげるための言葉かけをする
☆利用者の皮膚粘膜を傷つけないようにパワーコントロールし，適切に洗う
☆微温湯を注ぐ前に言葉かけ（アクション前の言葉かけ）をし，適切に注ぐ
☆洗浄後，使用したおむつをまるめて，汚れが周囲に広がらないように注意する

①「○○さん，おしものほうをお湯できれいにさせていただいてよろしいでしょうか．それでは，お湯をかけさせていただきます．お湯の温度はちょうどよいと思いますが，いかがですか？」
「やさしく洗わせていただきますけど，かゆいところや痛いところがあったら言ってくださいね．○○さん，どうでしょう，さっぱりしますね」

サービス提供行為		虐待の種別	評価基準（虐待レベル）					参照ページ
利用者に説明し了解を得る		身体的虐待						
		心理・情緒的虐待						
	○	ネグレクト（放任）	0	1	2	3		P.21　表10−①②
微温湯の温度確認（介護者及び利用者）		身体的虐待						
		心理・情緒的虐待						
	○	ネグレクト（放任）	0	1	2	3		P.18〜19　表9−①②
使用したおむつを適切にまるめておく		身体的虐待						
		心理・情緒的虐待						
	○	ネグレクト（放任）	0	1	2	3		P.18〜19　表9−①②
熱い湯・冷たい湯をかける	○	身体的虐待	0	1	2	3	4	P.7　表3
		心理・情緒的虐待						
		ネグレクト（放任）						
アクション前の言葉かけ		身体的虐待						
		心理・情緒的虐待						
	○	ネグレクト（放任）	0	1	2	3		P.21　表10−①②
パワーコントロール	○	身体的虐待	0	1	2	3	4	P.7　表3
		心理・情緒的虐待						
		ネグレクト（放任）						
言葉かけ		身体的虐待						
		心理・情緒的虐待						
	○	ネグレクト（放任）	0	1	2	3		P.21　表10−①②
言葉づかい		身体的虐待						
	○	心理・情緒的虐待	0	1	2			P.10〜11　表4−①②
		ネグレクト（放任）						
表情（笑顔）		身体的虐待						
	○	心理・情緒的虐待	0	1	2	3	4	P.14　表7
		ネグレクト（放任）						
態　度		身体的虐待						
	○	心理・情緒的虐待	0	1	2	3		P.16　表8
		ネグレクト（放任）						

7 タオルなどで拭く場面

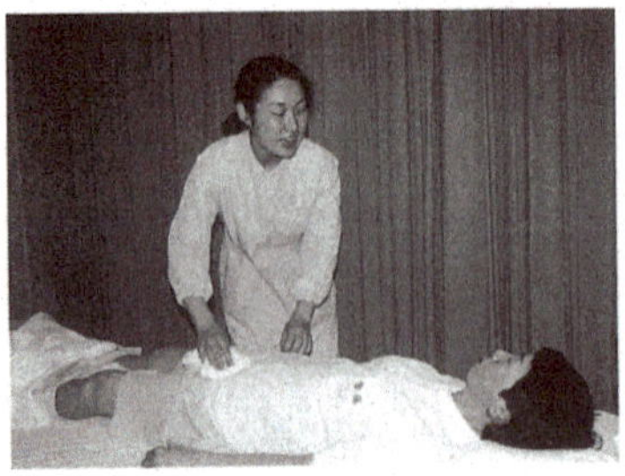

ポイント＆実践例：ケースアドボケイト実践（よりよいサービスにして利用者の権利を守ること）

☆アクション前の言葉かけをする
☆タオルなどで水分が残らないようにていねいに拭く
☆力加減（パワーコントロール）する
☆言葉かけをして，一段階終了した旨を説明してねぎらう

①「〇〇さん，洗ったところを拭かせていただきますね」
②「やさしく拭きますけど，もし痛いところがあったら，言ってくださいね」

サービス提供行為		虐待の種別	評価基準（虐待レベル）					参照ページ
水分が残らないようにていねいに拭く		身体的虐待						
		心理・情緒的虐待						
	○	ネグレクト（放任）	0	1	2	3		P.18～19 表9－①②
アクション前の言葉かけ		身体的虐待						
		心理・情緒的虐待						
	○	ネグレクト（放任）	0	1	2	3		P.21 表10－①②
言葉かけ		身体的虐待						
		心理・情緒的虐待						
	○	ネグレクト（放任）	0	1	2	3		P.21 表10－①②
パワーコントロール	○	身体的虐待	0	1	2	3	4	P.7 表3
		心理・情緒的虐待						
		ネグレクト（放任）						
言葉づかい		身体的虐待						
	○	心理・情緒的虐待	0	1	2			P.10～11 表4－①②
		ネグレクト（放任）						
表情（笑顔）		身体的虐待						
	○	心理・情緒的虐待	0	1	2	3	4	P.14 表7
		ネグレクト（放任）						
態　度		身体的虐待						
	○	心理・情緒的虐待	0	1	2	3		P.16 表8
		ネグレクト（放任）						

⑧ 状態確認の場面

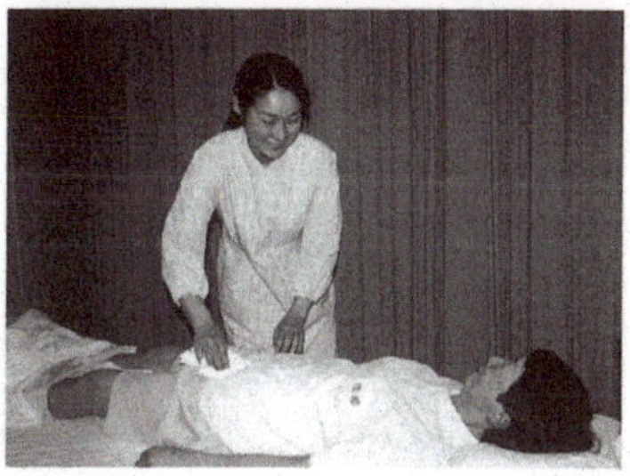

ポイント＆実践例：ケースアドボケイト実践（よりよいサービスにして利用者の権利を守ること）

☆利用者の皮膚の状態を観察し，異状がないか確認する
☆利用者に状態を説明し，安心感を与える（異状があれば対処の方法を説明し，不安を排除する）

①「○○さん，お身体にとくに異状はありませんね．安心してください」
②「○○さん，柔らかい皮膚のところが少し赤くなっていますので，あとで看護師さんに看てもらいますね」

サービス提供行為	虐待の種別		評価基準（虐待レベル）					参照ページ
皮膚に異状がないか観察し，異状があれば適切に対処する		身体的虐待						
		心理・情緒的虐待						
	○	ネグレクト（放任）	0	1	2	3		P.18～19 表9－①②
言葉かけ		身体的虐待						
		心理・情緒的虐待						
	○	ネグレクト（放任）	0	1	2	3		P.21 表10－①②
言葉づかい		身体的虐待						
	○	心理・情緒的虐待	0	1	2			P.10～11 表4－①②
		ネグレクト（放任）						
表情（笑顔）		身体的虐待						
	○	心理・情緒的虐待	0	1	2	3	4	P.14 表7
		ネグレクト（放任）						
態　度		身体的虐待						
	○	心理・情緒的虐待	0	1	2	3		P.16 表8
		ネグレクト（放任）						

MEMO

⑨ 体位保持のためのベッド柵を装着する場面

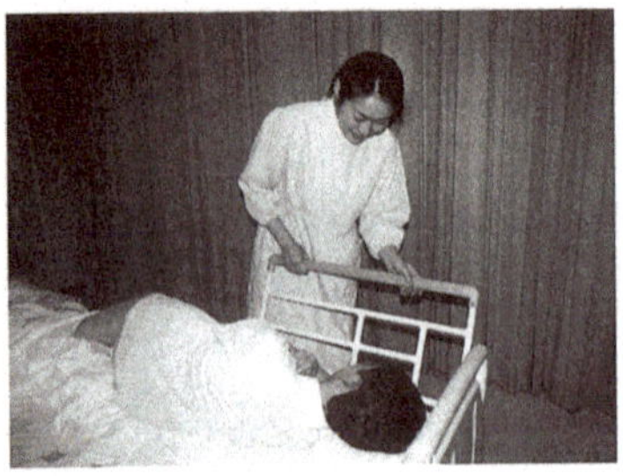

ポイント＆実践例：ケースアドボケイト実践（よりよいサービスにして利用者の権利を守ること）

☆利用者の残存機能を生かした援助の一環として，ベッド柵を利用できる場合は利用する
☆無理に柵の利用をすすめないこと
☆離床に向けた介護展開が可能な利用者には，言葉かけによる動機づけを行う

①「○○さん，横向きをお願いしたいんですけど，リハビリにもなりますし，私がお手伝いいたしますから，この柵を利用してみませんか？」

サービス提供行為		虐待の種別	評価基準（虐待レベル）					参照ページ
残存機能を生かした援助		身体的虐待						
		心理・情緒的虐待						
	○	ネグレクト（放任）	0	1	2	3		P.18〜19 表 9 −①②
言葉かけ		身体的虐待						
		心理・情緒的虐待						
	○	ネグレクト（放任）	0	1	2	3		P.21 表10−①②
言葉づかい		身体的虐待						
	○	心理・情緒的虐待	0	1	2			P.10〜11 表 4 −①②
		ネグレクト（放任）						
表情（笑顔）		身体的虐待						
	○	心理・情緒的虐待	0	1	2	3	4	P.14 表 7
		ネグレクト（放任）						
態　度		身体的虐待						
	○	心理・情緒的虐待	0	1	2	3		P.16 表 8
		ネグレクト（放任）						

MEMO

⑩ 右側臥位で殿部を清拭する

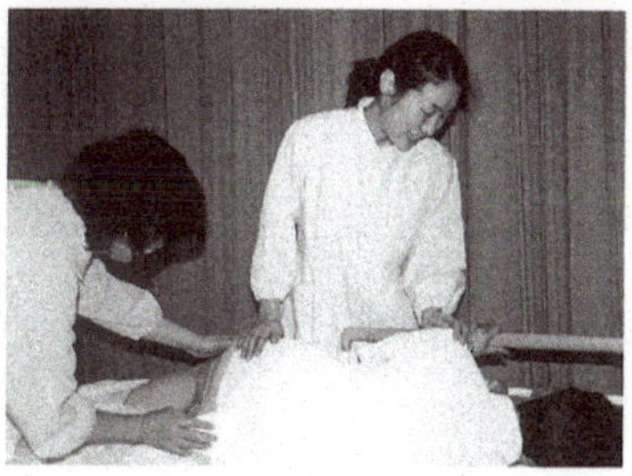

ポイント＆実践例：ケースアドボケイト実践（よりよいサービスにして利用者の権利を守ること）

☆利用者の肩関節と大転子部を手前に引いて右側臥位にするとき，力加減（パワーコントロール）を必ず行う
☆アクション前の言葉かけをする
☆体位が安定して苦しくないかどうか利用者に確認する
☆殿部を清拭する場合，利用者の羞恥心を和らげるための言葉かけを行う
☆専用おしぼりは適温のものを使用する
☆殿部を清拭する時，力加減（パワーコントロール）を必ず行う
☆拭き残しがないようにていねいに拭く

①「○○さん，そっと身体を上げていきますが痛かったら言ってくださいね」
②「それでは，1・2・3でゆっくり上げていきます」
③「○○さん，この位置で大丈夫ですか」
④「○○さん，おしりのほうも清拭させていただきます．やさしく拭かせていただきますが，痛かったら言ってくださいね」
⑤「○○さん，おしぼりの温度はちょうどよいでしょうか」
⑥「○○さん，いかがですか．気持ちがよいですか」

サービス提供行為	虐待の種別		評価基準（虐待レベル）					参照ページ
BALANCE 安定した体位の確保		身体的虐待						
		心理・情緒的虐待						
	○	ネグレクト（放任）	0	1	2	3		P.18～19 表9－①②
アクション前の言葉かけ		身体的虐待						
		心理・情緒的虐待						
	○	ネグレクト（放任）	0	1	2	3		P.21 表10－①②
拭き残しのない清拭		身体的虐待						
		心理・情緒的虐待						
	○	ネグレクト（放任）	0	1	2	3		P.18～19 表9－①②
皮膚の状態を確認する		身体的虐待						
		心理・情緒的虐待						
	○	ネグレクト（放任）	0	1	2	3		P.18～19 表9－①②
パワーコントロール	○	身体的虐待	0	1	2	3	4	P.7 表3
		心理・情緒的虐待						
		ネグレクト（放任）						
言葉かけ		身体的虐待						
		心理・情緒的虐待						
	○	ネグレクト（放任）	0	1	2	3		P.21 表10－①②
言葉づかい		身体的虐待						
	○	心理・情緒的虐待	0	1	2			P.10～11 表4－①②
		ネグレクト（放任）						
表情（笑顔）		身体的虐待						
	○	心理・情緒的虐待	0	1	2	3	4	P.14 表7
		ネグレクト（放任）						
態度		身体的虐待						
	○	心理・情緒的虐待	0	1	2	3		P.16 表8
		ネグレクト（放任）						

⑪ 右側臥位でマッサージをし新しいおむつを敷く場面

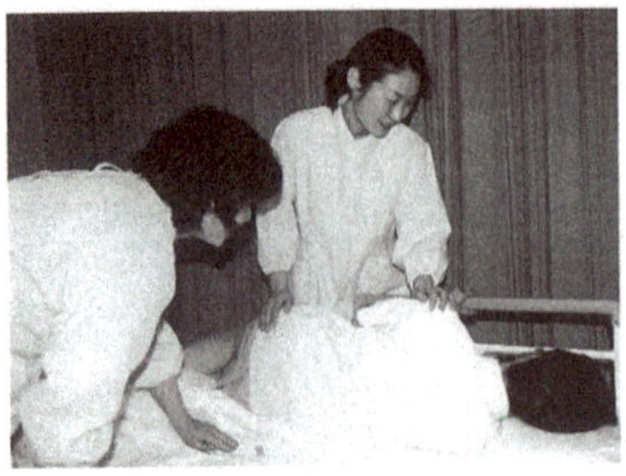

ポイント＆実践例：ケースアドボケイト実践（よりよいサービスにして利用者の権利を守ること）

☆アクション前の言葉かけをする
☆褥瘡予防のためのマッサージを行う
☆マッサージの力加減（パワーコントロール）に気をつける
☆新しいおむつを適切にセットする
☆シーツのしわをしっかり伸ばしておく
☆利用者に進行状況を説明する

①「○○さん，お背中をマッサージさせていただきます．どうですか．気持ちがよいですか．血行が良くなりますからね．褥瘡の予防にもなりますよ．強さはこれくらいでよろしいですか？」
②「○○さん，新しいおむつをセットしますからね．もう少しそのままお待ちくださいね」

サービス提供行為		虐待の種別	評価基準（虐待レベル）	参照ページ
アクション前の言葉かけ		身体的虐待		
		心理・情緒的虐待		
	○	ネグレクト（放任）	0 1 2 3	P.21 表10－①②
マッサージを行う		身体的虐待		
		心理・情緒的虐待		
	○	ネグレクト（放任）	0 1 2 3	P.18～19 表9－①②
マッサージの強さ力加減を確認する		身体的虐待		
		心理・情緒的虐待		
	○	ネグレクト（放任）	0 1 2 3	P.21 表10－①②
新しいおむつを適切にセットする		身体的虐待		
		心理・情緒的虐待		
	○	ネグレクト（放任）	0 1 2 3	P.18～19 表9－①②
シーツのしわをしっかりのばしておく		身体的虐待		
		心理・情緒的虐待		
	○	ネグレクト（放任）	0 1 2 3	P.18～19 表9－①②
パワーコントロール	○	身体的虐待	0 1 2 3 4	P.7 表3
		心理・情緒的虐待		
		ネグレクト（放任）		
言葉かけ		身体的虐待		
		心理・情緒的虐待		
	○	ネグレクト（放任）	0 1 2 3	P.21 表10－①②
言葉づかい		身体的虐待		
	○	心理・情緒的虐待	0 1 2	P.10～11 表4－①②
		ネグレクト（放任）		
表情（笑顔）		身体的虐待		
	○	心理・情緒的虐待	0 1 2 3 4	P.14 表7
		ネグレクト（放任）		
態　度		身体的虐待		
	○	心理・情緒的虐待	0 1 2 3	P.16 表8
		ネグレクト（放任）		

⑫ 元の仰臥位に戻す場面

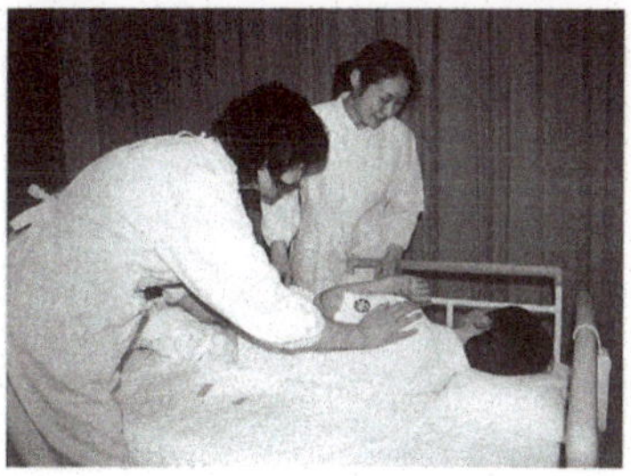

ポイント＆実践例：ケースアドボケイト実践（よりよいサービスにして利用者の権利を守ること）

☆肩関節と大転子部に手をあてて適切に支える
☆利用者を右側臥位から仰臥位に戻す時は，言葉かけをしながら力加減（パワーコントロール）する
☆アクション前の言葉かけをする

①「○○さん，元の仰向けになりますけど，よろしいですか？」
②「○○さん，ゆっくりと戻していきますけど，痛かったら言ってくださいね．そっとやりますからね」
③「○○さん，それでは戻します」

サービス提供行為		虐待の種別	評価基準（虐待レベル）					参照ページ
 肩関節と大転子部に手を当てて適切に支えて戻す		身体的虐待						
		心理・情緒的虐待						
	○	ネグレクト（放任）	0	1	2	3		P.18～19 表9－①②
 アクション前の言葉かけ		身体的虐待						
		心理・情緒的虐待						
	○	ネグレクト（放任）	0	1	2	3		P.21 表10－①②
 パワーコントロール	○	身体的虐待	0	1	2	3	4	P.7 表3
		心理・情緒的虐待						
		ネグレクト（放任）						
 言葉かけ		身体的虐待						
		心理・情緒的虐待						
	○	ネグレクト（放任）	0	1	2	3		P.21 表10－①②
 言葉づかい		身体的虐待						
	○	心理・情緒的虐待	0	1	2			P.10～11 表4－①②
		ネグレクト（放任）						
 表情（笑顔）		身体的虐待						
	○	心理・情緒的虐待	0	1	2	3	4	P.14 表7
		ネグレクト（放任）						
 態　度		身体的虐待						
	○	心理・情緒的虐待	0	1	2	3		P.16 表8
		ネグレクト（放任）						

⑬ 左側臥位に少し傾けておむつを取る場面

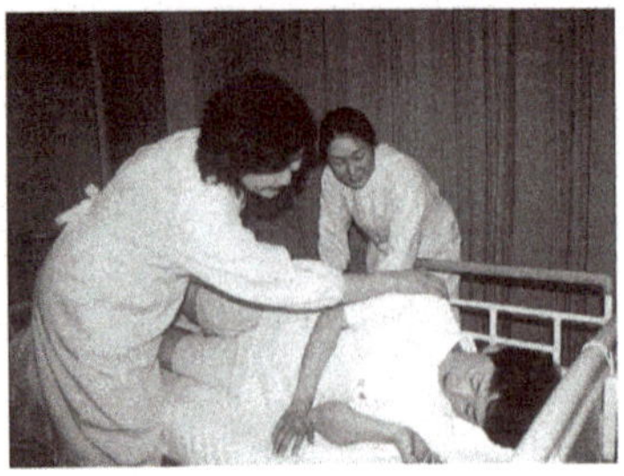

ポイント＆実践例：ケースアドボケイト実践（よりよいサービスにして利用者の権利を守ること）

☆左側臥位に少し傾けておむつをとるときはその旨を説明し，肩関節と大転子部に手を当てて適切に支える
☆アクション前の言葉かけをする
☆言葉かけをし，力加減（パワーコントロール）する
☆おむつをとるとき，乱暴にしない
☆右側臥位でマッサージできなかった部位をマッサージする
☆シーツのしわをしっかり伸ばしておく
☆皮膚の状態を確認する

①「○○さん，今度はおむつを取りますので，もう一度左下で横向きにお願いします」
②「ゆっくりと痛くないようにやってみますので，安心してください」
③「○○さん，おむつを取らせていただきましたよ．このままで，少しマッサージさせていただきますね」
④「このくらいの強さでよろしいですか．どうですか．気持ちよいですか？」

サービス提供行為	虐待の種別		評価基準（虐待レベル）					参照ページ
肩関節と大転子部に手を当てて適切に支える		身体的虐待						
		心理・情緒的虐待						
	○	ネグレクト（放任）	0	1	2	3		P.18～19　表9－①②
マッサージをする		身体的虐待						
		心理・情緒的虐待						
	○	ネグレクト（放任）	0	1	2	3		P.18～19　表9－①②
皮膚の状態を確認する		身体的虐待						
		心理・情緒的虐待						
	○	ネグレクト（放任）	0	1	2	3		P.18～19　表9－①②
シーツのしわをしっかり伸ばしておく		身体的虐待						
		心理・情緒的虐待						
	○	ネグレクト（放任）	0	1	2	3		P.18～19　表9－①②
アクション前の言葉かけ		身体的虐待						
		心理・情緒的虐待						
	○	ネグレクト（放任）	0	1	2	3		P.21　表10－①②
パワーコントロール	○	身体的虐待	0	1	2	3	4	P.7　表3
		心理・情緒的虐待						
		ネグレクト（放任）						
言葉かけ		身体的虐待						
		心理・情緒的虐待						
	○	ネグレクト（放任）	0	1	2	3		P.21　表10－①②
言葉づかい		身体的虐待						
	○	心理・情緒的虐待	0	1	2			P.10～11　表4－①②
		ネグレクト（放任）						
表情（笑顔）		身体的虐待						
	○	心理・情緒的虐待	0	1	2	3	4	P.14　表7
		ネグレクト（放任）						
態　度		身体的虐待						
	○	心理・情緒的虐待	0	1	2	3		P.16　表8
		ネグレクト（放任）						

⑭ 新しいおむつを装着する場面

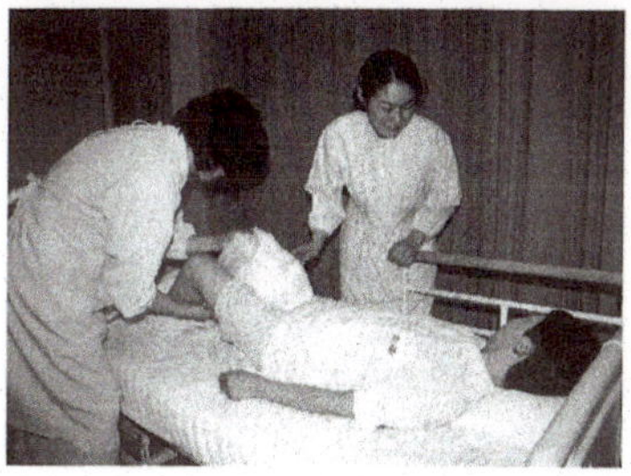

ポイント＆実践例：ケースアドボケイト実践（よりよいサービスにして利用者の権利を守ること）

☆利用者に新しいおむつを装着することを説明する
☆足を少し開く時，利用者の残存機能を生かした援助をする
☆アクション前の言葉かけをする
☆言葉かけをしながら，力加減（パワーコントロール）する
☆排泄物が外に出てこないように適確に装着する

①「○○さん，リハビリになりますし，ご自分で足を少し開いてみませんか？」
②「○○さん，あとは私が少しずつやってみますからね．痛かったら言ってくださいね」

サービス提供行為		虐待の種別	評価基準（虐待レベル）					参照ページ
新しいおむつを装着する説明をする		身体的虐待						
		心理・情緒的虐待						
	○	ネグレクト（放任）	0	1	2	3		P.21 表10-①②
残存機能を生かした援助		身体的虐待						
		心理・情緒的虐待						
	○	ネグレクト（放任）	0	1	2	3		P.18～19 表9-①②
アクション前の言葉かけ		身体的虐待						
		心理・情緒的虐待						
	○	ネグレクト（放任）	0	1	2	3		P.21 表10-①②
パワーコントロール	○	身体的虐待	0	1	2	3	4	P.7 表3
		心理・情緒的虐待						
		ネグレクト（放任）						
適確な装着		身体的虐待						
		心理・情緒的虐待						
	○	ネグレクト（放任）	0	1	2	3		P.18～19 表9-①②
言葉かけ		身体的虐待						
		心理・情緒的虐待						
	○	ネグレクト（放任）	0	1	2	3		P.21 表10-①②
言葉づかい		身体的虐待						
	○	心理・情緒的虐待	0	1	2			P.10～11 表4-①②
		ネグレクト（放任）						
表情（笑顔）		身体的虐待						
	○	心理・情緒的虐待	0	1	2	3	4	P.14 表7
		ネグレクト（放任）						
態度		身体的虐待						
	○	心理・情緒的虐待	0	1	2	3		P.16 表8
		ネグレクト（放任）						

⑮ おむつの付け具合を確認する場面

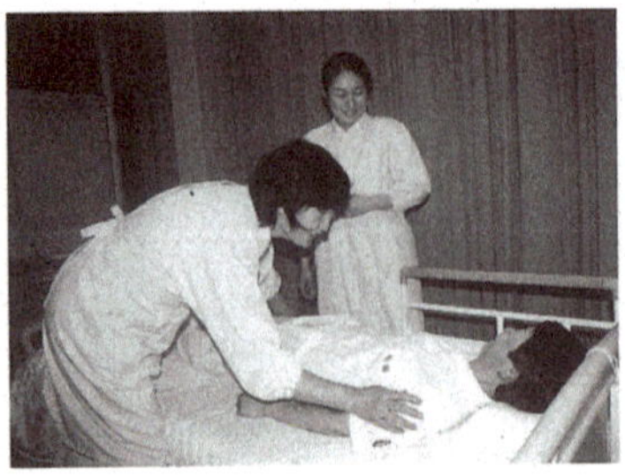

ポイント＆実践例：ケースアドボケイト実践（よりよいサービスにして利用者の権利を守ること）

☆おむつの付け具合を利用者に確認する
☆おむつ交換が一段落したことを説明し，利用者をねぎらう

①「○○さん，おむつの具合はどうですか．しわになっていたり，きつかったり，苦しくはないですか．遠慮なく言ってくださいね」
②「○○さん，お疲れさまでした．おむつのほうは，これで新しくなりましたね」

サービス提供行為	虐待の種別		評価基準（虐待レベル）					参照ページ
おむつの付け具合を利用者に確認してもらう		身体的虐待						
		心理・情緒的虐待						
	○	ネグレクト（放任）	0	1	2	3		P.21 表10−①②
言葉かけ		身体的虐待						
		心理・情緒的虐待						
	○	ネグレクト（放任）	0	1	2	3		P.21 表10−①②
言葉づかい		身体的虐待						
	○	心理・情緒的虐待	0	1	2			P.10〜11 表4−①②
		ネグレクト（放任）						
表情（笑顔）		身体的虐待						
	○	心理・情緒的虐待	0	1	2	3	4	P.14 表7
		ネグレクト（放任）						
態　度		身体的虐待						
	○	心理・情緒的虐待	0	1	2	3		P.16 表8
		ネグレクト（放任）						

MEMO

⑯ 残存機能を生かしたパジャマの着衣場面

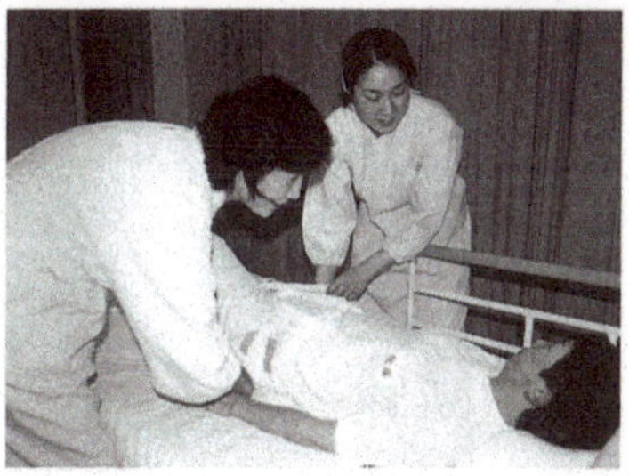

ポイント＆実践例：ケースアドボケイト実践（よりよいサービスにして利用者の権利を守ること）

☆利用者の残存機能を生かした援助をする
☆アクション前の言葉かけをする
☆言葉かけをしながら，パワーコントロールする

①「○○さん，パジャマのおズボンを上げさせていただきます」
②「○○さん，リハビリになりますので，ご自分で少し腰を上げられるところまで上げてみませんか？」
③「○○さん，すばらしいですね，お身体がだいぶ動くようになりましたね」
④「○○さん，無理をしないでくださいね．後は私がそっとやりますから，もし痛かったら言ってくださいね」

サービス提供行為	虐待の種別		評価基準（虐待レベル）					参照ページ
残存機能を生かした援助を行う		身体的虐待						
		心理・情緒的虐待						
	○	ネグレクト（放任）	0	1	2	3		P.18～19 表 9－①②
アクション前の言葉かけ		身体的虐待						
		心理・情緒的虐待						
	○	ネグレクト（放任）	0	1	2	3		P.21 表10－①②
パワーコントロール	○	身体的虐待	0	1	2	3	4	P. 7 表 3
		心理・情緒的虐待						
		ネグレクト（放任）						
言葉かけ		身体的虐待						
		心理・情緒的虐待						
	○	ネグレクト（放任）	0	1	2	3		P.21 表10－①②
言葉づかい		身体的虐待						
	○	心理・情緒的虐待	0	1	2			P.10～11 表 4－①②
		ネグレクト（放任）						
表情（笑顔）		身体的虐待						
	○	心理・情緒的虐待	0	1	2	3	4	P.14 表 7
		ネグレクト（放任）						
態　度		身体的虐待						
	○	心理・情緒的虐待	0	1	2	3		P.16 表 8
		ネグレクト（放任）						

⑰ 状態確認とねぎらいの場面

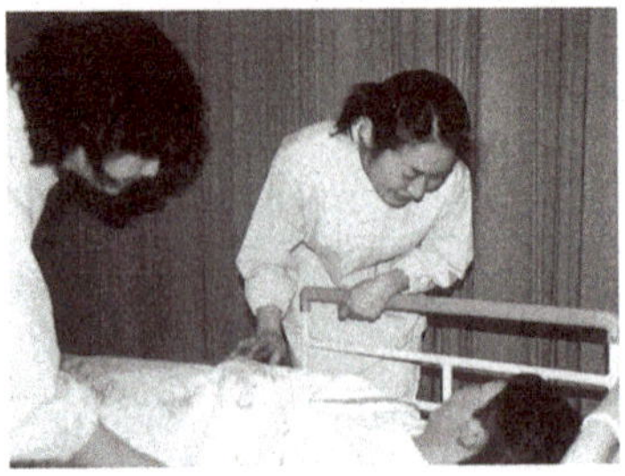

ポイント＆実践例：ケースアドボケイト実践（よりよいサービスにして利用者の権利を守ること）

☆利用者にとっては，おむつ交換の一連の展開は心身ともに負担も大きいので，最後の段階が終了したことを説明し，ねぎらいの言葉かけをする

①「○○さん，お疲れさまでした．○○さんが，協力してくださったので，スムーズに行うことができました．」「少し痛いところもありましたけど，申しわけありませんでした．お身体の調子はどうですか？　ご気分はいかがですか？」

サービス提供行為		虐待の種別	評価基準（虐待レベル）					参照ページ
言葉かけ		身体的虐待						
		心理・情緒的虐待						
	○	ネグレクト（放任）	0	1	2	3		P.21 表10−①②
言葉づかい		身体的虐待						
	○	心理・情緒的虐待	0	1	2			P.10〜11 表４−①②
		ネグレクト（放任）						
表情（笑顔）		身体的虐待						
	○	心理・情緒的虐待	0	1	2	3	4	P.14 表７
		ネグレクト（放任）						
態　度		身体的虐待						
	○	心理・情緒的虐待	0	1	2	3		P.16 表８
		ネグレクト（放任）						

MEMO

⑱ 掛け布団をかける場面

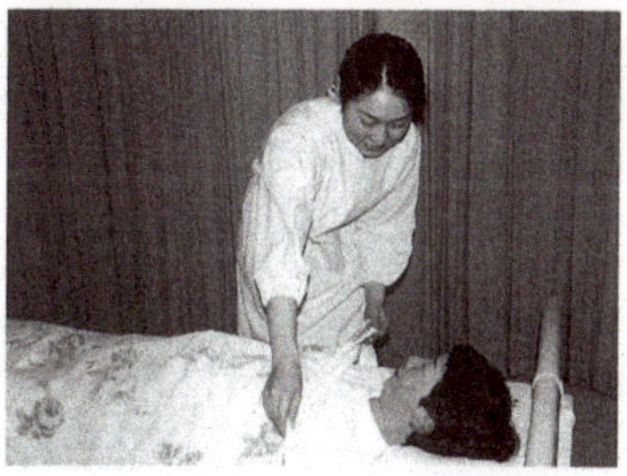

ポイント＆実践例：ケースアドボケイト実践（よりよいサービスにして利用者の権利を守ること）

☆利用者に暑さ・寒さを確認し，言葉かけをしてていねいに布団をかける
☆アクション前の言葉かけをする

①「○○さん，暑いようでしたら，もう少し薄いものを用意しますからね．言ってくださいね」

サービス提供行為		虐待の種別	評価基準（虐待レベル）					参照ページ
利用者に確認する		身体的虐待						
		心理・情緒的虐待						
	○	ネグレクト（放任）	0	1	2	3		P.21 表10−①②
アクション前の言葉かけ		身体的虐待						
		心理・情緒的虐待						
	○	ネグレクト（放任）	0	1	2	3		P.21 表10−①②
言葉かけ		身体的虐待						
		心理・情緒的虐待						
	○	ネグレクト（放任）	0	1	2	3		P.21 表10−①②
言葉づかい		身体的虐待						
	○	心理・情緒的虐待	0	1	2			P.10〜11 表４−①②
		ネグレクト（放任）						
表情（笑顔）		身体的虐待						
	○	心理・情緒的虐待	0	1	2	3	4	P.14 表７
		ネグレクト（放任）						
態　度		身体的虐待						
	○	心理・情緒的虐待	0	1	2	3		P.16 表８
		ネグレクト（放任）						

MEMO

⑲ おむつ交換終了のあいさつ場面

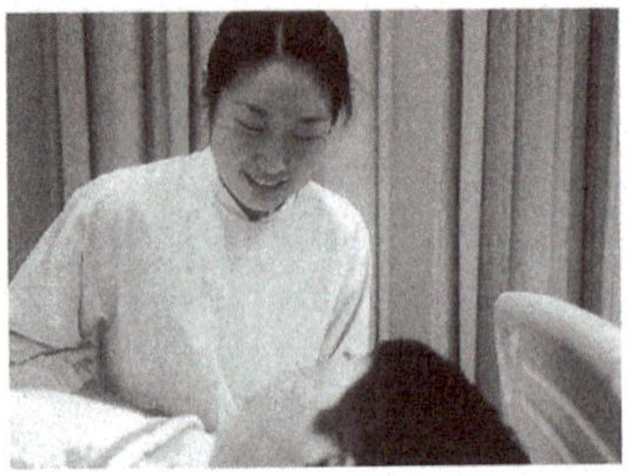

ポイント＆実践例：ケースアドボケイト実践（よりよいサービスにして利用者の権利を守ること）

☆おむつ交換終了のあいさつをする

①「○○さん，ありがとうございました．これですべて終わりました．ご用の時は，いつでも私に言ってくださいね．ナースコールで呼んでいただければすぐにまいります」

②「また，担当（お手伝い）させていただきます．失礼します」

サービス提供行為	虐待の種別		評価基準（虐待レベル）					参照ページ
あいさつ		身体的虐待						
		心理・情緒的虐待						
	○	ネグレクト（放任）	0	1	2	3		P.21 表10−①②
言葉かけ		身体的虐待						
		心理・情緒的虐待						
	○	ネグレクト（放任）	0	1	2	3		P.21 表10−①②
言葉づかい		身体的虐待						
	○	心理・情緒的虐待	0	1	2			P.10〜11 表４−①②
		ネグレクト（放任）						
表情（笑顔）		身体的虐待						
	○	心理・情緒的虐待	0	1	2	3	4	P.14 表７
		ネグレクト（放任）						
態　度		身体的虐待						
	○	心理・情緒的虐待	0	1	2	3		P.16 表８
		ネグレクト（放任）						

MEMO

参考・引用文献

1）全国社会福祉協議会：特別養護老人ホームにおける自立に向けた「介護展開手順の手引き」．全国社会福祉協議会，1997．

2）多々良紀夫・他：高齢者虐待早期発見・早期介入ガイド．長寿科学総合研究事業・多々良研究班，2003年3月．

3）牧田弘子・杉山せつ子：チェックリスト介護技術の要点．建帛社，1993．

4）有馬良建：介護・看護職のための言葉づかいチェックリスト．医歯薬出版，1999，pp.4～6，p.9，p.11，p.13．

おわりに

本書では，虐待防止のための６つの評価基準表を示した．この評価基準表は，著者がこれまで20年間，「介護の現場」での経験のなかから，あえて規定した，いわば「私案」であり，有馬式といってよい．著者にとってはまず，勇気ある第一歩を示したのであって，これをもって，最良の「規定」であるとは考えていない．著者が本書を具体化できたのは，日頃の介護に対する思いや介護・看護職に対する期待を率直に表せたからである．また，「はじめに」でふれたように，2003年7月に出版した本書が2006年4月に施行されることとなった高齢者虐待防止法の定義と内容が一致し，虐待防止法に対応した初のテキストとなったことをうれしく思っている．本書の出版に向けて著者の恩師でもあり，高齢者虐待問題の世界的権威である，多々良紀夫先生（現・淑徳大学教授）による大学院時代からのご指導が大きな原動力となった．心よりお礼申し上げたい．

2006年2月

有馬良建

【著者略歴】

有馬良建（ありま・よしたけ）
淑徳大学大学院社会学研究科社会福祉学専攻博士前期課程修了
静岡福祉大学社会福祉学部教授
社会福祉法人楽寿会副理事長
ケアハウス　サンライフらくじゅ施設長
特別養護老人ホーム楽寿の園副園長
社会福祉法人楽寿会在宅福祉部長

全国社会福祉協議会
・在宅介護支援センター調査研究委員会委員
・ホームヘルプサービス事業の運営に関する研究委員会委員

全国老人福祉施設協議会
・老人ホーム機能・サービス評価チェックリスト改訂検討委員会委員

静岡市議会議員，静岡県議会議員，
淑徳大学フィールドインストラクター（非常勤講師）
学校法人　大乗淑徳学園評議員
淑徳短期大学静岡サテライトキャンパス管理者
淑徳リエゾンオフィス（産官学連携研究推進室）参与
静岡福祉情報短期大学教授

〔著書〕新介護システムへの出発（医歯薬出版，1995）
　　　　介護・看護職のための言葉づかいチェックリスト（医歯薬出版，1999）
　　　　ケアハウスと介護保険（医歯薬出版，2000）ほか論文多数

〔照会先〕
社会福祉法人楽寿会
楽寿の園高齢者総合福祉エリア
〒421-2115　静岡市葵区与左衛門新田74-6
TEL. 054(296)1111(代)，FAX. 054(296)1113

介護・看護職のための
虐待防止チェックリスト
ケースアドボケイト実践　　ISBN978-4-263-23426-6

2003年7月20日　第1版第1刷発行
2025年7月25日　第1版第6刷発行

著　者　有　馬　良　建
発行人　大　畑　秀　穂
発行所　**医歯薬出版株式会社**

〒113-8612　東京都文京区本駒込 1-7-10
TEL.(03)5395-7627(編集)・7616(販売)
FAX.(03)5395-7609(編集)・8563(販売)
http://www.ishiyaku.co.jp/
郵便振替番号　00190-5-13816

印刷／製本・デジタルパブリッシングサービス